民国首版文学经典

留欧外史 [第一辑上编]

黎锦晖 编

上海科学技术文献出版社
Shanghai Scientific and Technological Literature Press

图书在版编目（CIP）数据

留欧外史．第1集．上编 / 黎锦晖编．—上海：上海科学技术文献出版社，2014.5
（民国首版文学经典丛书）
ISBN 978-7-5439-6172-2

Ⅰ．① 留… Ⅱ．①黎… Ⅲ．①华人—留学生—史料—欧洲 Ⅳ．① G649.5 ② D634.35

中国版本图书馆 CIP 数据核字（2014）第 030360 号

责任编辑：张　树　李　莺
封面设计：周　婧

留欧外史（第一集上编）
黎锦晖　编
出版发行：上海科学技术文献出版社
地　　址：上海市长乐路 746 号
邮政编码：200040
经　　销：全国新华书店
印　　刷：上海中华商务联合印刷有限公司
开　　本：850×1168　1/32
印　　张：6.75
版　　次：2014 年 5 月第 1 版　2014 年 11 月第 2 次印刷
书　　号：ISBN 978-7-5439-6172-2
定　　价：45.00 元
http://www.sstlp.com

出版説明

民國時期雖只有短短三十幾年，却在中國歷史上擁有極重要的地位。隨着地理封閉格局的打破，社會制度的轉型，思想束縛的解放，社會的文化和學術也開始了古今中西新舊融合創新的歷史過程，迎來一個百家争勝、异彩紛呈的局面，直接表現便是名家輩出、佳作迭現，且其視野之開闊、學識之淵博、影響之深遠，爲前代所不及，亦爲後人所難達。

有鑒于此，我們從民國時期的經典著作中精選一批，以"民國首版經典叢書"之名將其影印出版。第一輯共收羅了三十四種著作，合三十册，分爲"學術"和"文學"兩部分。其中，"民國首版學術經典"包括梁啓超《清代學術概論》、舒新城編《近代中國留學史》、王孝通《中國商業史》、胡樸安《中國文字學史》、李長傅《中國殖民史》、姚名達《中國目録學史》、吕思勉《歷史研究法》與《中國文字變遷考》（合一册）、胡適《五十年來中國之文學》與劉師培《論文雜記》（合一册）、吕思勉《理學綱要》、吕思勉《白話本國史》、柳亞子等編《蘇曼殊年譜及其他》、顧頡剛編著《妙峰山》等。

這些出自名家之手的著作，或爲開一代風氣的創新之作，如舒新城的《近代中國留學史》，是近代第一部研究留學問題的專著，奠定了留學史研究的根基，也是研究有關中國留學歷史的必讀書目之一；如吕思勉的《白話本國史》，既是他的成名作，也是中國歷史上第一部用白話文寫成的中國通史；或爲總結先賢、啓發後來的集大成之作，如梁啓超的《清代學術概論》，這是一部闡述清代學術思潮源頭及其流變的經典著作，也是梁啓超的代表性作品之一，將清代學術從時代思潮的角度劃分爲四個時期，并對每個時期作了簡要而中肯的評介，精辟分析了各個時期及其代表人物的成就與不足，一經問世即受到讀者歡迎，并成爲一代又一代青年學子的入門必讀書；再如胡適的《五十年來中國之文學》，從古文的末路、古文學的新變、白話小説的發達及缺點、文學革命這幾個方面再現這五十年的文學，在傳承舊學的同時更開新路，爲文學變革鋪墊、利導。

"民國首版文學經典"則包括黎錦暉編《留歐外史（第一集上編）》、朱湘《石門集》、邱東平《火灾》、王實味《休息》與歐陽山等《給予者》（合一册）、徐志摩《徐志摩選集》、邱東平《第七連》、蕭紅《生死場》、張資平《紅霧》、張資平《飛絮》、陳夢家編《新月詩選》、徐志摩《雲游》與《志摩的詩》（合一册）、弘一大師紀念會編《弘一大師永懷録》、葉靈鳳《紅的天使》、朱自清等《我們的六月》、《魯迅傑作選》、郁達夫《迷羊》、胡適《胡適留學日記》、葉靈鳳《未完的懺悔録》等。

文學爲人民群衆喜聞樂見之事，其影響既遠且廣。叢書中所收，不乏當時的"暢銷書"，如蕭紅的《生死場》，甫一出版便轟動當時文壇；如張資平創作的言情小説《紅霧》、《飛絮》等，一版再版，暢銷多年；同時還有不少品種是現今流傳較少，甚至是建國後第一次影印出版的，如弘一大師紀念會所編《弘一大師永懷録》，該書于大師圓寂一周年時出版，當時僅印發一千册；如黎錦暉編《留歐外史（第一輯上編）》，一九二八年首版發行，建國後一直没有再版，已很難找到。

綜上，"民國首版經典叢書"内容包羅萬象，涵蓋詩歌、小説、散文、紀實文學、史學研究、理學、文學研究等方方面面，所選皆出自名家、大家之手，或爲各學科奠基之作，或爲集大成之經典，或爲震動當時、影響深遠的傳誦之作，其中不乏流傳很少、極難覓尋的孤本，我們苦心孤詣，找尋到這些經典著作的初版本，原版影印，精裝制作，以饗讀者。

編　者

二零一四年二月

爛熳叢書

張競生主編

留歐外史

第一集上編

留德外史

上海美的書店印行

黎錦暉編

爛漫叢書之一

留歐外史

——留德外史——

第一本

黎錦暉編

卷頭語

在上海法租界的法國公園裏果然有不少的青年男女，只可惜我沒有功夫去細看他們。我沿着大路走到一個水池旁邊，猛聽得一個女人叫道：「黎先生！」我回頭一看，原來是一個老同學姓羅的太太。她讓我坐在她旁邊的一張櫈子上。我說：「羅太太，我們恐怕有六七年沒見面了。上月聽說羅先生回了國，我因爲不知道你們住在甚麼地方，所以沒有來找你們。羅先生好嗎？」羅太太讓我說完之後，搖搖了頭，長嘆了一聲，說：「我的丈夫是去年十月間到芬蘭的。芬蘭那地方，气候異常寒冷。他的身體本就不行，所以不到一星期就病得不能起床。幸虧遇見了幾個同鄉，把他送回莫斯科。他在莫斯科的病院裏住了差不多一個月久，勉強可以下床來走走。那時正有幾個學生回國，他便跟着他們一同到了上海。我從杭州趕來見着他的時候，他正住在一個小小的醫院裏。我陪他在一塊差不多五個星期光景，他的病一天一天的沉重起來。他在歐美各國游歷了七年之久，已經該了不少的債，我在杭州當了幾年教員，積蓄也很有限。當時雖想換一個別的醫院，因爲一時付不出院費來，只好暫時留在那裏。不料這天晚上，他的體溫忽然加高，舌頭也硬了，說不出話來。全院的醫生都到了，忙了半夜，到第二天一早才清醒過來。他張開眼睛，見我坐在床邊，嘆了口氣，向我說：「我已經不中用了。身後一無所有，累你一輩子，我死後也不安得很。聽說黎先生還在上海；你去找一找他，向他借點錢來，替我買棺材吧。我七年之中寫給你的幾十封信，想必還留着；你把他撿出來，交給黎先生，讓他編一部留歐外史；賣出錢來，就算還他的債吧。你此刻到棋盤街的一家四川客棧去問問，或者可以把他的住址打聽出來。」我那時看他危險的時期已經過了，又因他不住的催促，只得雇車到棋盤街找了一回；那裏有甚麼四川旅館！等我回到醫院時，看院門的迎着我說道：「羅先生已在五分鐘前辭世了。」我那時又傷心又着急，只得去找一個多年不通音問的姑母，向她借了百多塊錢，才把我的丈夫草草的安葬了。我的姑母留我在她家裏住着，慢慢打聽你的住址。不料今天在這裏遇見了你，想是亡夫有靈，把你請到這裏來的。』她說到這裏，從手提包裏捻出一條手帕來，在眼睛上按了兩下。我當時只得瞎凑了幾句話，安慰她一番，並且在身邊掏出十幾張鈔票來交給她。一同起身，正要走出園來，我猛然想起了門邊站的那個巡捕，立刻轉過身來，向她道：『我們最好走側門出去！那邊站着一個人，我不願意見他。』她只好隨着我從側門走了出來；我又把我的住址告訴了她。讓她雇車走了之後，我才一步步的蹾囘家來。

三天之後，郵差送來一個包裹：我接着一看，原來是羅太太從杭州寄來的，裏邊盡是她丈夫寄給她的信，一共九十二封，有八封是從英國寄囘；十四封是從俄國寄回的；十九封是從德國寄回的；二十封是從法國寄回的；從其他歐洲各國寄回的一共還有十五封；此外尙有十六封是從美國寄回的。我把這些信細細的看了一遍，才知道他是中國內一般靑年正鬧着勤工儉學的時候到的法國，馬克低落的時候到的德國；後來又到了美國，在美國約有十五個月久仍舊回到了歐洲；在英國大罷工之前一個月到的倫敦；後來又從俄國到了芬蘭，以後就再沒有寫信了。我把這九十二封信整理了幾天，才編出一個統系來——打算從俄國說起，接着說波蘭德國荷蘭丹麥比利時法國瑞士意大利，再由英國說到美國。這些地方雖不見得處處有中國留學生的足跡，但是到那些地方去游歷和經商的同胞們，每每因爲入國而不問俗，鬧出了許多笑話；用作閒談的資料，似未嘗不可。

這天晚上當我提筆來編寫第一部留俄外史的時候，適好一個着西服的朋友搖搖擺擺的走來看我。他把我已經寫好的幾頁草稿讀了一遍，說：『你寫的甚麼！現在是甚麼時候，你曉得麼？』我說：『現在還不到十點鐘』。他聽了不住蹋脚、說：『誰同你說幾點鐘！你這上邊好有些話牽涉到政治問題，這是由你胡說亂道的嗎？』我想不錯，於是我把留俄外史一部暫且擱置不提。但是從波蘭說起又覺得材料太少；因此把預定的次序更變一下，先寫留德外史。留德外史中間的幾個出色人物，當然不能代表全體留德學生！我看那裏邊除開幾個在德國日久年深的老精怪以外，多半是些少爺公子，趁馬克低落的時候，借着留學為名，到德國去頑要一年半載的。到了後來改用金馬克的時候，德國的生活程度，幾乎比歐戰以前還要高一二倍；於是這些公子們一旦由洋大人變成了洋告乏，不愜意得很，十有八九便不能不於此時離開了德國。所以這部留德外史上面的記載，只限於一個時期的故事，就是從民國十一年起到民國十四年止。並且所謂留德者，非僅指留德學生而言；一切旅德的華人，無論其護照上載着留學字樣也好，考察字樣也好，經商或游歷字樣也好，有聞必錄。其中眞姓正名當然不能不隱去。此書並不欲傳諸久遠，只求能喚醒國內一般青年，不要以爲某人到過歐美，或在外國住過幾年，便不管他有沒有跨進過外國國立學校的大門，恭而且敬的把他看做神聖一樣。但那許多有眞才實學的留學生，並不會因我此書一出，有損他們半點尊嚴！這是我可以大胆聲明的。

留歐外史

一

我在巴黎啓程之先拍了一個電報給栢林的一個朋友，央他於某日某時到車站來接我。因爲這是第一次到德國去；行李又帶得很多；並聽說德國幣價跌落之後，各國人士都貪着便宜，一羣羣的跑到德國去，大城市的旅館都住滿了。我恐怕到了栢林之時，找不着一個住宿的地方，所以不能不麻煩我這朋友一下。我在法國差不多三年之久，而且不常坐在家裏；此刻上火車的時候，不用說，送行的人一定很多：同學的；同鄉的；房東的全家，連他的親戚都到齊了；還有幾個因欲彼此解決性慾問題而結識的女友。火車正要開行的時候，送行的都和我握手，並說了些吉利的話。火車已離站很遠，還看見月台上許多手帕揚來揚去。

我坐的是三等車。三等車裏還有兩個中國人，一男一女，表面上看來好像兩夫婦。交談之後，才曉得這女的是一個留德學生的太太，剛從上海來的，現在到栢林去找她的丈夫；這男和她在海船上認識的。因為同在一塊兒差不多五個星期之久，彼此間的感情不由得不濃厚起來。他們兩人在巴黎停留了十多天，也一同出門游覽過兩三處名勝之地。我問他們到栢林時，有沒有人到車站來迎接他們。他們說：『車站上總不會沒有旅館裏接客人吧！』我看他好像都不願意與我多談，不免爽氣的走回三等車來靜坐了一夜。

第二天上午，火車到了栢林，停在動物園車站。我的那個朋友正站在月台上等候我。見面之後，還不曾彼此問好，我的朋友便把我拉下車來，並吩咐管車的把我隨身攜帶的行李都提到月台上放着。他說：『這火車並不停在此處。栢林的車站很多；東邊和西邊的車都要穿過栢林，每到一個火車站，停留二三分鐘之久；所以隨便在那一個車站都可以下車或者上車。這樣呢，一來免得擁擠，二來免得乘客枉跑許多路。」我聽他如此說，不由得不稱讚了德國人幾句。我記得昨夜在巴黎進車站的時候，正從外省到了兩班客車，男的女的，出出進進，擠得年輕姑娘們都狂叫起來。現在這裏，不獨不擁擠，而且一點嘈雜的聲音也沒有，這都是由於設備週到的原故呵！

我的朋友接到我的電報之後，便替我在康德街租了一間房子，租金便宜得很，每月合中國錢二元五角上下。房子裏的陳設都能使我滿意。房東是一個老寡婦，沒有兒女，所以家裏清靜得很。那時房東看我還不能多說德國語，願意每天教我兩個鐘頭；我也很高興跟她學習。因爲她是一個貴族婦人，曾受過高等教育，說出話來，文法上的錯誤一定不會有的。她的丈夫是一個高級軍官，歐戰時爲他祖國和皇帝，在東普魯士受了重傷，死在樹林裏面的一個帳棚底下。他生前雖然有點積蓄，但是這兩年來，因爲馬克低落物價飛漲的原故，銀行裏的存款早已提得乾乾淨淨；現在剩下的，不過幾間房子和一些家具罷了。她家裏還住了一個希臘人。他們本來看不起這些弱小的國家和文化落後的民族，今爲生計所迫，只要房子能租出去，就隨便那一個地方的人，也祇好裝着笑臉去歡迎他；否則房子沒人要時，一個月的麵包就沒有着落。他們的皇帝所報答這些忠臣烈士的，就是如此！

這晚七點鐘的時候，我的朋友走來邀我出去吃飯。他說還請了五個同鄉，都是今天到德國的。我隨着他走出了大門，見這五位先生都站在街旁等候。我的朋友向我一一的介紹了，才知道個個都是北京專門以上學校的教員，姓名當時我却沒記得清楚。我們一同走進一家大菜館裏，廳上已坐了不少的男女主顧。我的朋友向侍者要個小房間，據說都早已佔去；我們只好在大廳上的一個大菜枱旁邊坐下。我的朋友替我們每人點了兩三樣德國的名菜。那時我細細的把這五位先生一看，一個個都有些土頭土腦，我很擔心，惟恐他們鬧出笑話來。第一樣菜是一個雞肉湯，每人一份。端來之後，我的朋友拿起調羹來，叫了一聲請。忽然聽得這五位先生同時嗞的一聲，嚇得我的朋友立刻把調羹放下來，縐起眉頭望着他們。有位還因喝得太多，湯得厲害，又不能一把吞下去，只得仍舊吐了出來。那時滿廳上的人都回過頭來向着這邊看。我的朋友又不好意思說他們不該喝得太响，並且他們根本就不懂得喝湯的法子。這時對面的一張大菜桌旁還坐着一個中國人，陪着一個年輕的女人吃飯。他忽然站起來走到我的朋友面前問了聲好，又向大家點了點頭，把自己的姓名報了出來。我的朋友又將我們一一的向他介紹了一回。這時候大家只好把調羹放下。他還在我朋友耳邊，輕輕說了幾句，仍舊走回原處；又見他把一個侍者叫到面前，偸着給了他一捲鈔票。當他走開之後，這五位先生又一個個的把調羹搶在手裏；我的朋友連忙說道：『等一等！這個湯還得很。等他涼一點再吃，比較好些。』大家只得又把調羹放下來。不久的功夫，廳上的樂隊吹吹打打奏起樂來；我的朋友才讓大家把這湯喝完。雖然還有些聲音，但因爲音樂很响，不免遮蓋了一些。我們把晚飯吃完之後，一同離開了這家菜館。我的朋友替這五位先生雇了幾輛汽車，一一的把他們送回家去。現在只剩下我和我的朋友兩人，我說：『今晚吃得不很痛快』。我的朋友搖了搖頭，說：『早知道他們是些這樣的寶貝，便不該把他們帶到這一家大菜館來。你想當滿廳的人都回過頭來看着我們的時候，那一會兒多難爲情啊！我初出門的那天，也不見得會吃西菜，但我總能處處留神。我看見別人喝湯的時候，把頭略略的抬起來，把調羹靠在嘴邊，輕輕的倒往嘴裏去，一點聲音也沒有；我看了馬上就照這樣子做。至於他們這幾位也太不小心了，喝得這樣响，自己一點也不覺得。要不是遇見了這個姓李的，想出一個辦法來，遮蓋了一下；眞要把我急死。』我說：『你在國內大約沒吃過多少回西菜，所以不敢大意。他們這幾位都在北京多年，中國式的番菜館不知道走過多少次，那些地方都是很隨便的，所以養成了習慣，鬧出笑話來，自己也不覺得。」我們兩人說說笑笑，不幾分鐘久就到了我的寓所前邊；他約了明天再來看我。他還告訴我：那人姓李的有個綽號叫「五通神」；因他一見着年輕的女人就流涎，而且詭計多端，栢林所有的頑耍地方他都去過；假若邀他一路出去走走，一定討得許多便宜。於是我們約定了明天上午十二點鐘一同去找他。

第二天正午我和我的朋友見面之後，一同走到一個停電車的地方；那時栢林的電車因爲乘客稀少的原故，十有七八已經停駛。我們由此可以看出當時德國人民困苦的情况。他們每天到各工廠去作工，賺來的錢，幾乎不夠維持自己的生活；家裏還有妻子要吃飯；那裏能有餘錢來供給每日的車費？就是來回要跑　多里，也只好苦一苦自己的腿。我們等候了四五分鐘久，才來了一輛電車，掛着兩口車箱，並不分甚麼頭等二等。一口是給吸煙的乘坐的；不吸煙的人可以走進別一口車箱裏。車資無論遠近都是一樣的數目；還可以拿着車票在半路上換車一次。因爲德國的火車電車都是由國家經營的事業，目的不在賺錢；所以人民都能感受便利。我們走上禁止吸煙的車箱，那時已有不少的人都交頭接耳好像議論什麼似的。不久，我的朋友用手腕碰我一下，並且說：『你看見嗎？那邊坐的一個女人，衣服穿得這樣的漂亮，皮鞋也很講究，但是脚上沒有襪子，脚脛上的黃毛都看得清清楚楚。』我回頭一看，果然有個這樣的女人。只見她低着頭，頗有些害羞的樣子。我仔細一看，連忙向我的朋友說：『這不就是昨晚李某帶的那個女人嗎？』我的朋友說：『不錯！我原說在甚麼地方見過她。但她怎麼弄到這樣的狼狽！等一會，我們記住問一問姓李的，看他怎樣說。』

我們到了姓李的寓所裏，他那時還沒有起床。他看見了我們來拜訪他，一面坐起來，一面向我們說了些抱歉的話。他又對我的朋友說：『昨天晚上要不是給了這些音樂師幾個錢，央他們早一點奏起樂來；我看你怎樣下台！』我的朋友忙問道：『你給了他們多少錢：這應該由我拿出來的。』他說：『這，提他做甚麼！那時候已經快八點了。就不給他們錢；不到幾分鐘，他們也是要開始奏樂的。』我的朋友道：『我問你。昨天和你坐在一塊吃飯的那個女人是誰？羅先生不是外人；你用不着隱瞞，把你們的歷史細細的講給大家聽聽。』只見這姓李的嘆了口氣，伸手在枕頭底下摸出一隻淡黃色的女襪來，先拿到鼻子前邊聞了一聞，又用力把他搓了兩下，抬起頭來向我們說：『我在栢林，這算是第一次碰見了對頭。你們暫且坐下，聽我細細的說來！昨天下午五點鐘的時候，我在麗村湖旁邊散步。本來不願意打獵的，因爲那地方很難找到幾個合意的野獸……』我當時插嘴問道：『栢林城裏還有甚麼打獵的地方嗎？』我的朋友忙道：『麗村湖是一個小小的公園，離這裏不很遠，並非一個獵場。你想一想：五通神說打獵；他獵的是些甚麼？』我聽了連忙點頭。此時只見這姓李的用一雙手在眼睛上揉了一下，接着說：『我坐在麗村湖旁邊的一張櫈子上，抬頭一望，遠遠的看見一個年輕的姑娘，一步一步的向我這邊來。細看她的面貌，雖不見得十分美麗，却不很醜，身上着的衣服也過得去。我立刻站起身來，迎上前去；她那時也向我看了一眼；我便趁這機會，把帽邊拿了一下，向她說：「小姐，你獨自一人在這裏散步，不嫌寂寞嗎？我能否有這光榮，陪你走一走？」只見她輕輕的點了點頭，又向我看了一眼，說：「先生，你的德國話說得多流俐呵！一個日本人能說出這樣的德國話來，我從來沒有見過。但誰也不相信你是中國人！因爲人人都說，中國人個個都戴着一副眼鏡，中國人就用他做一個與日本人區別的標記。你現在不是沒有戴眼鏡嗎？」我說：「小姐，你說得有理！但日本人的舌頭，比中國人的差很遠。中國人舌頭的構造恐怕和鸚鵡鳥的一樣吧！無論一種甚麼語言，只要中國人肯學，沒有學不會的。」我和她兩人一邊閒談，一邊慢慢的動起手來。我起先還不過握着她的手腕，後來簡直痛痛快快的用手掌按在她的背上。等到我們快要走出園門的時候，我輕輕的向她說：「小姐，我看你舉止大方，好像屬於一個貴族家庭裏面的；我想你決不至於吝惜一個甜蜜的吻吧。」她說：「不行！不行！」但走了不到兩步，她又向我微微的笑了一笑，說：「你不曉得這句成語嗎？年輕的女子，嘴裏說不，心裏却說：我願意呀。」我那時也不管旁邊有人沒人，反正沒戴眼鏡！一把將她抱住，在她的嘴上親了一下。這樣一來，我們兩人自然親熱多了。我便帶她到菜館裏吃了頓晚飯，又在一個電影院裏看了一場電影。離開電影院之後，我同她在僻靜的街上走了一會，同時還吻了幾次。她忽然向我說：「已經十二點了。你怎麼還不要回去？」我說：「這時候電車也沒有了，我的寓所又隔這裏很遠，教我怎樣回去哩！」她說：「那麼在街上走一夜也不行的。」——「

不錯！我不能不在近邊找一個旅館。但是一個孤獨的青年，睡在充滿了春風的旅館裏，親愛的小姐呀，你知道他這一夜在床上翻來覆去的要轉多少次呵！但我又不能不去。我只希望此時有個愛神，對準你的心頭，射一支慈悲的箭。」我一面說，一面伸出手來，一把按在她的胸口上。她說：「祇是我不能陪你到一個小的旅館去。」——「那麼康德旅館何如」？她點了點頭。我明知康德旅館不大願意人家隨便帶一個女人進去的；但我此時身邊的錢有限得很，到別的大旅館去恐怕付不出房錢來；所以只好帶着胆子去試一試。我們走進那旅館的時候，一個侍者迎上前來說：「要房子嗎？可惜都住了客人！」他還沒有說完，只聽得櫃上有個老頭子叫道：「還空着一間小的房子。」侍者連忙改口道：「先生，你願意去看一看嗎？恐怕不合你的意。」我說：「將就些吧！」他還帶着我到櫃上去付錢。那個老頭子先看了我一眼，又把我帶來的那個女人看了一看，說：「五十萬馬克一天。」我聽了當時大吃一驚，因爲我不曉得那時口袋裏還有沒有還許多的錢。我只得統統搜出來數了一數，僥倖得很，大票子，小票子，凑在一起，一共許有五十二萬。交淸房錢之外，還給了侍者二萬馬克酒錢。侍者把我們引到這小房間外面，我推開房門一看，只見裏面陳設得異常簡陋。這樣的房間，頂多每天租十萬馬克。現在明知上了當，但因爲帶着女人的原故，不便和他們理論。我們兩人進房之後，一同坐在床上，又不住的說了些親愛的話。我先躺了下去；她把我遍身按摩了一回。外面的鐘聲已噹噹的响了兩下，她還不肯爬上床來。我這時急得心頭亂跳，甚麼甜蜜的話都說過了，只少向她下跪。但她又沒有一句拒絕我的話，總是笑嘻嘻的，有時還抱住我的頸，在我的嘴上臉上親幾下。我只得蠻拉着她的手腕，把她拖到我的身邊，替她把外衣脫下。她忽然握住了我的左手，用她的食指，按在我帶的一個鑽石戒指上面，把嘴湊在我的耳邊，輕輕的說道：「你把這個脫下來，套在我的手指上，給我留個紀念吧！

」我想：這戒指雖來得便宜，但也費了個多磅金；今天一整天，吃飯，看電影，住旅館，一共還沒有用到十分之一金磅；她這竹槓也敲得太兇了。只得說道：「可惜這戒指是我的姐姐送我的。我不能讓她將來看見我的手指上沒有戴着牠。」她聽我這樣一說，一手把我推開，走下床來，在一張桌子旁邊坐下，眼睛看着窗外。事已至此：晚飯也吃過了；電影也看過了；旅館費還寃寃枉枉的開銷了幾十萬。爲甚麼在旅館？眞的不能回家嗎？家就在這旅館的後面！「好吧！我親愛的，這個戒指就是我的心。我現在把我的心交付你了！」這時候只見她回過頭來，向我微微的笑了一下，走近床邊，伸出一個手指來，讓我替她把這戒指套上，接着說了聲謝謝，伸手把電燈熄了。外面的鐘已經敲了四下，我的手無意之間碰在那戒指上面，心中不免有些後悔起來。後來我越想越惱，看她時，早已睡得沉沉的。我便爬下床來，扭開電燈，把衣服穿好，也不願意再將她叫醒，推開房門，打算一直走回家去，偶然回頭一看，見她脫下的兩隻襪子都拋在地板上，我便伸手拿了一隻，塞在褲袋裏。也算是留個紀念吧！你們看，就是這個。』他說完之時，把他手裏的襪子高高的舉起來。我的朋友說：『你也太淘氣了！你偷掉她一隻襪子；也沒有想到，她第二天如何出門？』我接着又把剛才在電車裏所看見的告訴了他；大家笑了一回。我和我的朋友才告辭出來，同走進一家中國飯館去吃午飯。

我們走進中國飯館的時候，在大門口遇見了一個中國學生。他和我的朋友拉了拉手，並且說：『今晚老哈請客；你去嗎？』我的朋友說：『左丞相，你呢？』他說：『自然要去的。恐怕老佛爺也來。右丞相和會長都一定到的。』我的朋友說：『是不是吃喜酒？』——『差不多』。他說完這句之後，把手一揚，匆匆的走了。我隨着我的朋友在飯館裏揀了一張桌子坐下來，我說：『你們兩人剛才說些甚麼？左丞相，右丞相，又是甚麼老哈。』他說：『這都是一些綽號。老哈姓王，到德國已經八年了，考得一個醫學博士，現在又在大學裏研究甚麼植物學，是一個有名的書獃子，但是學問很好，只可惜說話時有些搖頭擺尾，因此人家說他像個哈巴狗，所以叫他「老哈」。他今晚請客，大約是跟一個女人訂婚。這段情史說來很有趣味。等吃完午飯之後，我們同去找一個混名「叫夜和尚」的，要他細細的講給你聽。至於左丞相，右丞相，會長，還有甚麼猢猻屁股，這些人都很有學問，所以他們不大把一班人看在眼下。他們說起話來，東一句，西一句；若談到政治問題，更有許多遠心之論。你看，那邊站起的那個瘦子，就是猢猻屁股。他本來姓何，因他爲人過于驕傲，不免有許多人恨他，所以把他叫成一個這樣的綽號。』我回頭一看，只見一個年約三十的人，衣服樸素得很，左邊臉上紅得和猪血一樣，夾着一個書包，向我們這邊走來。走到隔我們幾步的地方；忽聽得坐在我們旁邊的一個小鬍子向他叫道：『老獨，你怎麼的？臉上紅腫了這一大塊；莫不是有人欺負你？』這瘦子聽了，嘆了口氣，說：『豈有他哉！假若我當時身旁有個子路，也不會受這陽貨之辱了。』我這時候回過頭來，輕輕的問我的朋友道：『是不是人家看他臉上是紅的，便叫他猢猻屁股？』我的朋友說：『不是。他這人很用功，一天到晚，至少要坐着看十個鐘頭的書，還天天到大學去聽講。因他坐得太多，無論他穿一條甚麼好材料的褲子，不到半月之久，就磨成了兩個大洞。他又愛穿紅色的襯衣。遠遠的看了，好像屁股上裝着兩個紅色的圓東西；因此大家叫他「猢猻屁股」。他今天臉上忽然紅了這麼一大塊，定是有個別的原故。我們且聽他說些甚麼』！那時那瘦子已把書包擱在一張椅子上，坐在那小鬍子的旁邊，一隻手按着左邊的眼睛，這隻手上下的舞動着。只聽他說道：『拔劍而起，挺身而鬥，此不足爲勇也！既是一個多年的留學生，也該有點學者態度。伸手就打人；天生他這張嘴，是專給他吃飯的嗎？』那鬍子問道：『爲甚麼這人要打你？』只見他把頭搖了一搖，說：『羞惡之心，人皆有之，我也是自作自受。你且讓我細細的說給你聽。我剛才在大學裏，和李密坐在一塊，聽扣雷教授講了兩個鐘頭的心理學。扣雷教授說他明後年要到美國去講學，又順便把美國的心理學者批評了一番。下課之後，我跟李密同坐在火車裏，談到美國的文化事業。我一時高興起來，發了一篇議論。我說：一、美國現在除開一些駭人聽聞的高房子，幾處吸人血的大工廠，和許多損人利己的大商業組織以外，你說，還有甚麼？講到科學，恐怕不久就要跑到日本人的後頭去了。我們的胡先生所捧的那個博士，老實說起來，這樣的脚色，在歐洲算什麼！不提別的，就只看美國所出的電影片子，多麼淺薄呵！而這些中國學生，到了美國之後，說起來眞痛心！將來中國的教育事業，難免不斷送在這班人手裏。我也到過英國，到過法國，他們的東西，好的我會說他好，壞的我會說他壞。不和這些留美學生一樣，明明聞着五穀之气，偏要說是花露水香。他們在美國，那一下不遭人家的賤視？進一個大的理髮店去，要偷着走後門；在一個大一點的飯館裏吃飯，堂倌當着衆人把他們用過的碗盞敲碎。英國人雖然瞧不起我們，但他們祖傳的紳士架子，還要時時刻刻的擺着，不肯當面得罪外人。法國人，比國人，和現在的德國人，對于我們這些留學生，不能說不十二分的客气了；但這些留學生，假若發見了他們的政府有對不住中國之時，便一點不講情面，開會，發傳單，打電報，代替政府提出抗議，直鬧得天翻地覆——這才是人心未死，國事可爲。假若個個都和在美國的同胞一樣，那麽我們子孫萬世，都只好做洋奴了……」我的話還沒有講完，不料坐在我後面的一個中國人回轉身來，伸手就在我的臉上打了一掌。那時候車上的人都替我不平，大家罵他不是好漢，要打也應該先知會一聲。他打了我一掌之後，又破口大罵起來：「媽的！你甚麽東西！你欺侮我們留美學生嗎？狗雜種！你們回國之後躲在山洞裏就罷了。要擠在我們手裏，看吧！活活的把你們餓死」。李密那儒漢，當時還向講情：「這位先生的話並不是指着全體留美學生說的。當然，留歐學生裏面，又何嘗個個有民族思想，快成熟的買辦階級也不在少數。算了吧，不要鬧了！」任他如何說，那人總是不理他，給他擦了一鼻子的灰。』這時候坐在瘦子旁邊的那个小鬍子，已笑得噴滿了一桌面的飯。後來他在瘦子的肩頭上拍了一下，說：『老獅，你的話也說得太重了！以後小心些吧。不然，回國之後，難免不有人說你是過激派，把你槍斃了。』

這瘦子走了之後，我問我的朋友，那小鬍子是誰。他說：『這就是有名的「栢林土地，」姓文，他是民國二年到此地的。他的故事多着哩！將來有功夫再細細說給你聽。剛才那猢猻屁股不是提過一個姓李的嗎？那就是我所說的會長。』我說：『怎麽會有個這樣的綽號？』我的朋友說：『這人也是個怪物。他對於全世界弱小民族的語言，都很感覺趣味。在栢林的黑皮非洲工人和頭上帶着鳥毛的印第安人，幾乎沒一個不和他要好。他跟這般人怕不止學習了二三十種語言。他自己也不曉得，學習了這些東西，囘國之後，有甚麽用處。你若跟他談到中國的政治問題，他便宣傳他的甚麽「眞命天子主義」。有囘這些黑八敲他的竹槓，要他在皇家飯店請客。這皇家飯店的架子大得很。穿着普通衣服的人都只好站在門外看一看；這些黑八，更是沒有資格進去了。但他的胆子很大，居然一口答應了他們；不過有個條件，就是大家要準備一身禮服。他們又當面把日期約定。到了那天，姓李的先雇了一輛汽車，開到幾個國會議員家裏，向他們說：「你們德國，現在處處受列強的壓迫，幾乎和我們中國一樣。我們大家，要擇脫這條鎖鍊，就只有聯合全世界所有被壓迫的民族，和現在的幾個強國拼一次老命。大家若以爲這個主張沒錯誤時，便應該趕快動手起來。」那時他所找的，當然是幾個有野心的議員，斷不會不贊成他所說的這些話。他又約了他們晚上吃飯，地點臨時用電話通知。大家聽說有東西吃，誰肯推託不去？他把這事辦妥之後，又坐着汽車，趕到皇家飯店門口，跳下車來，大搖大擺的走進門去。看門的見他穿得如此漂亮，恭恭敬敬的向他行了個禮。他伸手在後邊褲袋裏掏出幾十萬馬克來，數也不數，往那個看門的手裏一塞。一個客人能賞這許多的酒錢，不是尋常的事！看門的連忙向裏邊的侍者使了個眼色；只見大家都走上前來，一個個的挺着胸膛，脚尖比齊，站做一排。排尾的是個「拏拇溫」，他把帽子脫下來，走上前一步，說：「這位先生要定座嗎？」——「是呵！」姓李的也不肯多說半個字，裝得活像一個大紳士。這時候人家看了，幾乎都猜他是一個有爵位的人。他隨着那「拏拇溫」擇定一間房子，又從口袋裏取出一張名單來，上面寫的無非是國會議員某某，總統府顧問某某。他又在名單上把自己的姓名簽上，交給那個「拏拇溫」，並且很神气的說：「除開已通過的客人應由你們引到這間房裏以外，到了七點鐘的時候，由你們按照這名單上所開列的名字一一的用電話通知一回。」拏拇溫自然連連說是。當他走出大門正要上汽車的時候，拏拇溫搶着上前把汽車的門拉開；他又從後邊褲袋裏捻出幾千萬馬克來，塞在拏拇溫的手裏。拏拇溫自然高興得很，他看汽車開走之後，再三吩咐這看門的，若是李先生的客人到了，趕快知會裏面；大家好來站隊迎接。當晚七點多鐘的時候，先到了兩個國會議員，接着這李先生也乘着汽車來了。不用說那種歡迎的景象！但不到幾分鐘久，十多個黑人，一個個的都穿着不合身的禮服，有的太大，有的太小，同向這飯店走來。看門的連忙把手一攔，說：「這裏邊沒有你們的坐位！」走个頭的那黑人說：「李先生請我們來的！」看門的聽說是李先生的客，不能不讓他們進去；侍者們又不能不站隊迎接。因爲李先生的面子太大！他們在這飯館裏，吃飽了一頓飯之後，又講了許多不相干的話。雖然這時候德國的紙幣不值錢，但這一頓至少也用掉李先生个把金磅。從此以後，這些黑人沒一個不尊敬李先生；因爲他們隨着李先生，破天荒的受過白種人一回這樣優厚的待遇。這年聖誕節，李先生跟着許多的中國學生，到皇后教堂去聽音樂。在教堂外面，遇見了這一夥非洲土人，一共百來個。他們自然都是些基督教徒，否則也不會讓他們跑到歐洲來住在這些都會裏。他們遠遠的看見了李先生迎面走來，最初還不過大家交頭接耳，議論了一回，末了都一排站着彎着腰，很肅靜的讓李先生走了過去；其中還有十多人，走到李先生的面前，請安問好，忙了一陣。這些黑人，起先當然聽見過他們的同伴提過李先生的大名，並曉得他神通廣大，所以這時候都把他當做他們的酋長一樣看待。這許多站在一旁的中國學生，沒一個見了不說稀奇。因此李先生就得了一个這樣的綽號。」

我聽我的朋友說完這个故事之後，催他急急的把飯吃完，又向伙計要了一壺茶，每人喝過兩杯，靜坐了一會，我的朋友又開始講老佛爺的家事。他說：『老佛爺是一個旗人，清代宣統年間到此地的。他從前大約還到過歐洲一次，現在打算在此地過老，不再回中國去了。他今年已經六十多歲，還留着一條辮子。他最初帶着一個老婆和一個姨太太住在動物園後面。那時姨太太還有一個女兒，年紀不過十四歲。這老佛爺是一個很古板的人，不獨自己不肯走出大門，而且不讓他家裏的人下樓一步。他的女兒長得十分美麗，並且一雙天足。雖跟着她的父親讀過不少的詩云子曰，所謂新的知識却一點沒有。家裏雇了一個女廚子，還有一個下女，都是德國人。這老佛爺大約不懂多少德國人話，自己又不願意學習，所以讓他的女兒，無事之時，七七八八的跟這下女學習幾句。他這女兒名叫婉宜；但他家裏的兩個女僕都叫她「翰尼」。因爲「翰尼」是德國女人的名字。她們叫起來比較順口些。婉宜在這屋子裏住了四年之久，不曾出大門一步。好奇的心，誰都不能免的！只因父命很嚴，又沒有機會讓她到外邊走走；所以到了煩悶的時候，便找這下女閒談，向她打聽屋子以外的事情。一個下女能有多少有益的話可講！無非說她怎樣的交結了一個男朋友，在甚麼地方看過戲，在甚麼旅館裏跳舞過。又把跳舞時的情形說了一回——兩個人胸脯貼着胸脯，臉靠着臉。她還不住的稱讚那男子，怎樣的愛她，怎樣的吻她……事事都說得天花亂墜！直說得這位十八歲的小姐，臉上紅一陣，白一陣，飯量一天一天的減少。有時她獨自站在窗前，低頭看着街上。若瞟見一個年輕的男子走過時，心頭便不住的跳動起來。使她最難堪的，就是到了黃昏時候，街上一對對的男女，手攙着手，有說有笑。她家裏除開這滿頭白髮的老父親以外，從來不見有個男子走上門來。有時這下女從外邊帶回了一本插着圖畫的雜誌，她見了便一把搶在手裏，躺在床上細細的翻看。假若翻得一個少年男子的肖像時，她的眼睛便釘在那上面，臉上漸漸的發熱起來。她的父親也覺得女兒有所需要了，只得寫信給他先年同朝的大官，教他們把兒子送到德國來求學；但十有八九沒有回信。他的隔壁，那時住着一個年老的寡婦，歐戰發生之後，她因爲生活困難的原故，把一間前樓租給一個名叫汗斯的匈牙利人。這汗斯是一個商人的兒子，手邊很有錢，所以歐洲幾個大都會，他都走過，更結識過不少的女朋友。有天上午，他正靠在窗前，把頭伸出窗外，看一看街中的行人車馬；不料隔壁人家的窗子裏面也伸出一個頭來，兩對眼睛不約而同的彼此看了一下。一個是烏珠黑髮的青年男子，一個是花容月貌的東土佳人。汗斯此時，心中不免動了一下，因爲他從來沒有接近過東方女子，所以登時起了不良之意。剛才那女子就是婉宜，她那時一眼看見了這少年，陡覺得不好意思起來，連忙頭縮了進去，坐在一沙發上，心頭怦怦的跳動着。不到一刻工夫，鬼使神差，她又把頭伸在窗子外面，恰巧汗斯向這邊望着，她看了不覺又害羞起來，臉上一紅，急忙把頭縮了進去，心頭又跳了一陣。這一天她至少有七八次走到這窗子而前；汗斯不用說，恐怕不止二十次。這晚她睡在床上，胡思亂想了一夜。第二天一早，她的頭又不知不覺的到了窗子外面；這時汗斯的頭正在那邊等候着。這次兩人見面之後，情形與昨日大不相同，只見汗斯連連的點頭，她就微微的笑了一笑。在汗斯，這一夜功夫，已定下了一個入手的計劃；在婉宜，可以說，幾回猶豫之後，才下了這樣的決斷。他們兩人，從此以後，每天至少要見面十次以上；不過相隔還有四五丈之遠，不能彼此交談起來。汗斯每每向她用手指着樓下，意思教她走下樓來；婉宜只是搖頭不肯，有時還不免露出幾分愁慘的神氣——這樣的回覆，不獨西洋人看了訝異，就是無論何人，也會想不出這道理來。但汗斯是一個偷香老手，他眼觀八面，耳聽四方，有隙可乘之時，他斷不肯放鬆一步。這天他看見一個下女從婉宜的家裏走出來，心裏一動，縮起頭來，微笑了一聲，連忙戴上帽子，半跑半跳的趕下樓來，跟在這下女後面。兩人走了不到數十步遠，他幾步搶到下女的前邊，用手把頭上的帽子移了一移，說：「親愛的姑娘！」這下女一輩子也沒想到有個這樣漂亮的少年來照顧她，登時心花怒放，忙說：「親愛的先生！」這時候汗斯舉目四邊一看，滿街的男女都向他露出訝異的目光來；她一時不免有些難受。因爲一個如此漂亮的少年，在大街上公開的勾搭一個下女，在未革命以前的德國，只小說上有這樣的敘述吧。但汗斯詭計多端，連忙大聲說：「你的主人身體好嗎？」這樣一來，街上的行人才各把心事放下，讓他們兩個交談起來。汗斯又輕輕的接着說：「我們且到那邊僻靜的地方去！」這下女當然滿心願意。兩人急忙走進動物園裏面，到一株大樹後邊站住。這下女說：「先生，你認識我的主人嗎？他是一個有辮子的中國人哩。」汗斯說：「這個我不曉得。我沒有見過他，不過我認識他家裏的那個中國女子。」下女說：「你講的是我主人的女兒翰尼小姐嗎？你認識她，這是不可能的！她的父親，我想，一定是一個有神經病的人。他從來不許他家裏的人走下樓來。我在他家裏差不多五年了，不見有一個客人前來找他。說到翰尼小姐，我更替她難過。她現在年紀也不小了，在我們歐洲，這樣一個美麗的女子，至少也得認識百多個年輕的少年；她呢？恐怕不到她父親死了之後，是永遠不會有希望和一個男子接近的！先生，你認識她，這是多少年前的事？」汗斯說：「就是現在的事。但我只認識她的面貌。親愛的姑娘，你有甚麼方法，能使我和她聚在一處？」這下女聽了，回轉身來，舉步就走。汗斯連忙上前，一把將她拉住；這下女順勢往他懷裏一倒，抬起頭來，眼睛半開半合的看着他的臉。汗斯想一手把她推開，又恐怕因此斷絕了這條出路。他此時知道不給她些好處是沒有希望的；但要他在一個下女面前裝出一些溫柔的樣子來，實在不願意得很。後來他只好從口袋裏拿出幾十個馬克來，塞在她的手裏；但她仍舊靠在他的胸前，半步也不肯離開，並徐徐的把手裏的錢仍舊送回他的口袋裏，還把這隻手輕輕的擱在他的肩頭上，柔聲的說：「我只要你的心呵！」汗斯此刻只得把心一橫，兩眼一閉，在她的嘴上吻了一下，又把頭一抬，張開嘴，向着空中抽了一口冷氣；但這下女，此時不獨不讓汗斯離開他一步半步，反將他一把死死的抱住，全身用力貼在他的身上，發狂一般的叫道：「親愛的，再吻我一回吧！」汗斯一想，一不做，二不休，低下頭來，輕輕的向她道：「等到天色晚了，你再來吧。我一定在這裏等候你，那時不止吻你呵！但你要眞心的幫助我。」這下女聽他這樣一說，才把兩手放開，笑嘻嘻的道：「我一定聽從你的命令。」汗斯又囑咐了她一番；兩人才走出動物園來。汗斯回到寓所之後，坐在寫字枱旁，寫了一封很甜蜜的情書。到了晚上，他和這下女又在動物園的樹林裏鬼混了個多鐘頭，然後把那封情書拿出來，教她親自遞給翰尼小姐，還囑咐了她許多的話。這下女也算是一言不苟，回家之後，看見她的小姐獨自一人躺在床上，她便悄悄的把這封信拿出來，對她說：「這就是隔壁那個少年教我送給你的。」婉宜聽了，心中一喜；連忙滚下床來；接着這封信；三脚兩步，走到電燈底下。兩隻手戰兢兢的，把信封打開；抽出那頁信來；雙手捧着一看，滿紙的外國字，一個也不認識。因爲她跟這下女學習德語的時候，從來沒用過書本；所以甚麼字母和拼音，她都不會。她此刻只好央這下女輕輕的讀給她聽，但始終沒有聽懂多少。回信更不用說，當然不會有的。到了第二天早上，汗斯遇見這下女的時候，劈頭一句就問她帶來了回信沒有。這下女只好老老實實的告訴他，說小姐不會寫外國字。這時候眞使汗斯爲難得很。他只得又向這下女探聽小姐家裏的情形，好另想一個方法；這下女便告訴他：「近來這個老頭子，因爲買不到許多吃的東西，煩燥得很。本來他以前天天要吃魚吃肉的；歐戰發生以後，就只有黑麵包，還不能讓他儘量多吃。」汗斯聽了，哈哈一笑，忙道：「你趕快回去，教你的小姐跟她父親說：荷蘭有的是好吃的東西，都是這裏有錢也辦不出來的；她父親最好明天就搭車到荷蘭去；並且聽說中國已經向德國宣戰了，他住在這裏也不很方便；但小姐不妨留在家裏，一來德國政府斷不會爲難一個年輕無靠的女人，二來她又可以順便看守自己的家具。」這下女回家之後，果然把這些話一一的告訴了婉宜。到了吃晚飯的時候，老佛爺坐在桌子旁邊，看着盤子裏的幾片黑麵包，不住的長吁短嘆。婉宜便趁這機會勸她的父親卽日到荷蘭去。老佛爺本就有意離開德國，只因這許多的家具，一時都不能帶走，留在這裏，又放心不下；現在聽說他的女兒願意守在家裏，心中十分歡喜，祇是嘴裏不好說出來，婉宜又接着向她的父親說：「黑麵包，我是吃得慣的。你老人家已經有了這麼大的年紀；滋養的食品，如何少得！我近來正想用楷書抄寫一部金剛經；你老人家儘管放心前去。我無論如何，不會違背你老人家的吩咐，走下樓去的。」老佛爺聽了，不住的點頭，當晚就決定後天動身。過了兩天，老佛爺果然帶着他的夫人和姨太太一同搭車到荷蘭去了。老佛爺走了不到兩個鐘頭之久，汗斯便已到了婉宜的房中。這時候汗斯活潑異常，有說有笑；只可惜婉宜生來不是一個外國女人。只見她低着頭，紅着臉，一言不發。汗斯用盡了方法，想在她的身上碰一下，但每次都被她躲開，累得汗斯滿頭是汗，只好告辭出來。一個舊式的中國女子，才見面就向她動手動脚起來，這如何能有好的結果！西洋的女子，當然不同，認識不久，就伸手拉拉她，摸摸她，甚至於吻她幾下，這並不算甚麼無禮之舉，不過要把手捉住她的裙邊時，那就不是一朝一夕之功了。但對于一個舊式的中國女子，有人說，只要能有機會把手擱在她的身上不爲她拒絕時，那麼其餘的，甚麼也沒有困難了；仔細想來，這話也很有些道理。且說當晚婉宜睡在床上，忽然有些後悔起來，又記罣着她的父母，因此不免啼泣了一回。她看汗斯，面目雖然不見得十分醜陋，總是一個外國人，而且又長又大，滿手背的黃毛。本來一個這樣高大的漢子，在西洋婦人面前，無論如何是不會遭人家的白眼的；不過對于中國女子，結果就恰恰相反了。因此這晚婉宜打定了主意：汗斯再來找她的時候，若能規規矩矩的坐着閒談就能了；不然，便趕他出去。這也是由於汗斯一時過於粗暴的原故。不想第二天下午，汗斯見着婉宜的時候，不獨不能痛改前非，裝出一點儒雅的樣子來，反而變本加厲，也不管婉宜願意不願意，一把將她抱住。不料婉宜狂叫了一聲，直嚇得汗斯連忙把手放開。此時正是德國的革命黨人十分活動，而栢林各處正在戒備很嚴的時候，條條街上都有武裝警察不住的來往逡巡。婉宜臥室的窗子又正對着街上；並且窗門還是打開的。這樣稀奇的叫聲安得不被警察聽見？但汗斯此刻已打定了主意，聽得門鈴一响的時候，一點慌張的樣子也不露出來，拿着帽子，從從容容的走到大門邊，伸手把大門打開，一看，門外果然站着一個警察。這警察把來意說明之後，只見汗斯帶笑的答道：『剛才因爲撤東西，不提防把一個女人的手指壓了一下，所以有這喚叫的聲音。勞你來查問，實在抱歉得很！』警察聽他如此一說，只好告辭走開。那時汗斯反手把大門帶關，走到街上，抬頭一看，婉宜正站在窗子前邊，低頭向下邊看着。汗斯此時又想出了一條詭計。他隨着警察，走了數十步遠，等到回頭不看見婉宜之時，才獨自走進一家咖啡館裏；坐到日落之後，才走回家來。婉宜當時看見汗斯隨着一個警察行走，不免有些着急起來。她以爲汗斯一定被警察帶到那個衙門去了，還不知要受些甚麼刑罰，因此深悔當時不該做得太過。她又記起了當初看見汗斯的時候，恨不能投在她的懷裏；現在他旣走來就我，爲何又這樣的拒絕他呢？她靠在窗子前邊，胡思亂想了一陣。看看天色已經晚了，還不見汗斯回來走她的窗子底下經過；因此越發放心不下。她吃過晚飯之後，把她的下女叫到面前，央她出去打聽打聽汗斯的下落。這下女走下樓來，正打算到警局去探聽一下；但她一想：不對！汗斯旣沒有犯法，怎麼會被警察捉去？警察那時雖然到了門外一趟，却沒有走上樓來，向小姐追問喊叫的原故；又如何能知道他有不法之舉？因此料定了汗斯沒有到警局裏去。老實說起來，婉宜雖是一個大家閨秀，只因她的父親把她天天關在屋子裏，又不給她書讀；家裏雖藏着幾十本五經四書，但這些老調兒，就是唱得爛熟，又有甚麼好處？所以婉宜對于世故人情和普通知識，較之一個外國的下女實在相差很遠。這且不提。那時汗斯坐在家裏，正在演習明天要對婉宜講的一篇鬼話，猛聽得窗子底下有人叫他的聲音，他連忙伸出頭來一看，原來是隔壁人家的那個下女。他立刻走下樓來，把她拉到大門裏面，問她有甚麼話說。這下女便把婉宜如何的記掛他，如何教她出門來探聽消息，種種的情形，細說了一遍。汗斯聽了連忙吩咐她，千萬不可向小姐說他此時坐在家裏，只說被警察捉去之後，因他不該壓迫良家女子，判他做十五年的苦工。但這下女此時很决絕的表示她不願意憑空說謊。汗斯只得又許了她許多好處，並抱着她親熱了一回。這下女回家之後，果然向婉宜七七八八的講了一回；使婉宜聽了，幾乎流了一夜眼淚，第二天一早，她還沒有把衣服着好，坐在床邊，正在傷心的時候，忽見汗斯推開房門，闖進房來，走到她的面前，雙膝跪下，抱住她的腿，抬起頭來，露出很悲慘的樣子，把眼睛看着婉宜。婉宜一看，他的眼睛下面顯出兩塊淚痕來，不覺心腸一軟，很自然的把一隻手圍在他的頸上，並問他怎樣回來的。只見汗斯嘆了一聲，低下頭來，輕輕的道：『慈悲的小姐呵！十五年之內，你的汗斯恐怕不能再見你的面了，假若你不願意救他的時候。』婉宜說：『要怎麼樣才可以救你呢？』——『這很簡單啊！等一會，要是有個警察來問你的時候，你只說我是你的未婚夫；那麼我的自由便能恢復了。』汗斯一面說，一面把兩腿向前一移，騰出兩隻手來，把婉宜的腰緊緊的抱住；說完之後，又把頭靠在她的小腹之上。她此時聽汗斯的話，信以為眞，羞答答的道：『你眞能娶我嗎？但要使我的父親不反對呵！』汗斯此時，把兩膝向上一彈，一把將她壓在床上，先在她的嘴邊吻了幾下。從此以後，汗斯差不多天天到婉宜的家裏來。不到兩個月，栢林的革命黨人到處暴動起來。這時候汗斯忽然接到他父親從奧國寄來的一封信，要他趕快離開德國。他便前來向婉宜告別，並說他兩年之內一定再到栢林來和她結婚；婉宜聽了不免啼泣了一回。不久，歐戰告了結束，老佛爺仍偷回到了栢林。此時婉宜的肚子一天一天的大起來，她恐慌得很，只得央下女替她設法；這下女便教她把所有的積蓄都拿出來，說幫她去找一個醫生配一點墮胎的藥。不料這下女一去之後，再也沒有回來。這時候她只好裝做有病，讓她的父親請來一個醫生。她仗着當時站在旁邊的老母親不懂得德國話，便把她的秘密都一一的告訴了這個醫生，並央他向他的父親說：應該把他送到一個醫院裏去。那醫生看她說得實在可憐，滿口答應了她。她到了醫院之後，只因懷姙的日期過於長久，此刻要取下來，不免有些棘手。但她情願把自己的性命拚着，迫得醫生只好動手試了一試。她懷內的胎，末了，雖然安安穩穩的割下來，但她身體上的健康實在因此受了一個很大的打擊。到了第二年冬天，老佛爺有個拜把兄弟，送來了一個兒子到德國求學。這人名叫段梧，就是我們剛才遇見的那個左丞栢。他一到栢林之後，就去拜會老佛爺。見面之時，老佛爺看他一表人才，十分高興，又聽他說沒有娶親，便決定把自己的女兒嫁給他。那時婉宜還避着不肯出來，到後來因爲他來的回數多了，兩人見面之時，總不免客套幾句，因此混熟了許多。那天左丞相忽然接得一封家信，說老佛爺要招他爲婿，他看了滿心歡喜，因爲婉宜的幽嫻貞靜，粉面硃唇，早使他坐臥難忘。那時他已入了栢林大學，研究醫學。他每到了星期六下午，無論晴雨，一定打扮得齊齊整整，到老佛爺的家裏來。見着婉宜的時候，問長問短，露出了十二分親切的樣子；有時還邀着婉宜到外邊走走；老佛爺當然不阻止他們。但婉宜早已拿定了主意，非汗斯不嫁，一來因與汗斯有約在先，二來有這不可告人之事；况且姓段的又在大學裏習醫，若跟他結婚之後，有甚麼方法可以把臍下的刀痕掩飾一下？因此對於左丞相，表面上冷淡得很；問一句，答一句，在他的面前，從來沒露過笑容。一天，她隨着左丞相在一個樹林裏散步。那時兩旁一對對的青年男女，有的躺在草地上彼此擁抱着，有的坐在一處，不住的接吻：使左丞相看了，對着婉宜不免擠眉弄眼起來，但婉宜始終板着面孔，裝做什麼也不懂得的樣子；到後來他實在有些忍不住了，一把拉着婉宜的手，輕輕的向她道：『親愛的婉宜，我們的父親都已願意……』他還沒有說完，只見婉宜用力把手一抽，往旁邊一讓，說：『段先生，你不要提起……來生再說吧！』她說到這裏，鼻子一酸，幾乎哭了出來。這時候左丞相慌得站也不是，走也不是，要不是後來婉宜說了一句：『我們回去吧。』他難免不急出眼淚來！從此以後，他若開口邀婉宜出外走走，沒有不被她謝絕的；並且父母不在跟前的時候，婉宜也託故走開，不肯獨自陪他坐在一處。左丞相深悔自己一時不該過于孟浪，得罪了她，所以對她更加殷勤起來。每次到她家裏去的時候，不給她買些吃的東西，就給她帶幾朵鮮花。這天下午，左丞相正到一家鮮花裏去，不料在門外遇見了猢猻屁股。他一把拉着左丞相的手，說：『當局者迷！你身為丞相還不足，又要做駙馬嗎？只可惜佳人已屬沙吒利了！』左丞相說：『這是甚麼話？』猢猻屁股說：『你去問問馬燦吧。他現在專說公主的壞話哩！』——『馬燦是誰？』——猢猻屁股說：『四大金剛之一，混名士和尚的就是。人家又叫他馬齒莧。年約二十七八，住在陶情街一百零五號，一個月只有三天在家：二十八，二十九，三十。今天三十，你正好去找。』左丞相說：『我總不認識他。怎好去找他！你願意同去嗎？』——『我雖認識他，只是彼此沒有講過話。這些甚麼金剛，罷了罷了！不是我們學問中人！打死我也不去找他！你不認識他；那麼胡舍予，你認識的。你去問問他，不是一樣嗎？他也是四大金剛之一，彼此當然通聲氣的。』左丞相說：『胡舍予不就是那個醋溜和尚嗎？不錯，他是我的同鄉。好！我馬上去找他。』兩人告別之後，左丞相果然到了胡舍予家裏。胡舍予見着他，連忙拱手道：『鄉長先生，久違了。聽說閣下在大學習醫，佩服得很！不為良相；則為良醫，此誠處世之道！』左丞相只得也向他謙遜了一回。到後來談到婉宜之事。醋溜和尚說

：『不錯。馬燦對人言之甚詳。可惜我只自掃門前雪！不過大概情形也曾聽他說過：那小姐已和一個何國少年，訂了白頭之盟，而且一同製造了一個國民』。左丞相問道：『馬燦又何以知道這樣仔細』？醋溜和尚說：『這就不得其詳了！』這時候房東忽來敲門，道胡先生有電話。醋溜和尚連忙站起身來，向左丞相告了個罪，隨着房東走出去，不一會又笑嘻嘻的轉來，向左丞相說：『剛才是周國英打來的電話，教我到他家裏去。我因爲本月用費太大，不能不向他設些法子。舍間上月其實也匯來了一筆小款，爲數二千元；不料四週之久，又已兩袋空空。他約我今日回信，果然！周某，信君子也！只可惜他這錢也是借來的，還是向馬燦借的。早知馬燦有錢，我何不直接向他開口？』左丞相看他如此說，只得站起身來，向他告辭；兩人又鬧了許多客套。左丞相回到了家裏，煩悶得很，斜靠在一張沙發上，眼睛看着對面壁上掛的一幅康熙御容，皺起眉頭一想：婉宜實在不是一個這樣不規矩的女子；

況且他的父親又管束很嚴；不過爲甚麼這些人要揑造謠言來破壞他的名譽呢？這時候他甚想到婉宜的家裏去，當面問他一個水落石出；後來又覺得不能這樣的魯莽。因此聯想到當日在樹林裏面的景況，不免一時疑惑起來；末了他拍着自己的頭對自己說：『爲何不去找一找周國英？他旣認識馬燦，馬燦斷不會不把這些話告訴他的。這事情與我關係甚大，我不能嗎嗎糊糊的置之不理！』他越想越覺得有理，便急急忙忙的走出大門來，乘了兩站電車，到了周國英家裏。周國英見着他的時候，連忙讓他坐下，接着又叫下女到街上買了些點心，招待他異常有禮。本來周國英是一個善於應酬的人，他從來沒和人家吵鬧過一次，即使心裏恨着誰，而言語舉動上，一點也不肯流露出來，很有些紳士架子。他那時陪着左丞相吃過點心之後說：『剛才胡舍予到了這裏，他說你向他打聽過那旗人家裏的事。』左丞相連忙說：『不錯。』周國英又接着說：『胡舍予好像是你的同鄉，他這人也太荒唐了。我看他每月至少要用兩千多塊，即使他家裏很富足，也不應該這樣的浪費。你遇見他的時候，不妨勸他幾句。他在這裏已經五六年了；誰見他唸過一句書？只天天在外面陪着一些女人瞎鬧。他結識的女朋友，前前後後，何止三四百！就說每個只送一頂帽子吧，積起來，一個小小的帽店也不怕開不成了！而況他又是一個頭號愛吃醋的人，只要是他的女朋友，無論交情深淺如何，假如跟一個別的男子在一塊時，被他撞見了，他便氣得雙脚亂跳，想方設計，不把他們拆散不休。結果無非拿着錢來出氣！送禮，請吃飯，跳舞，看戲，進旅館，到外國去旅行：只要這些女人肯替他守節的時候，不僅這個，就教他拿把刀子去殺人，他也未必不幹。怪不得人家叫他醋溜和尚！人家還說他每天要應酬六七個女子，甚至於晚上睡覺也沒有一定的地方，這裏睡兩個鐘頭，那裏睡兩個鐘頭。他偏有這樣的好精神，眞是百煉之身。怪不得人家把他列在四大金剛之內！』此時左丞相只希望他趕快把婉宜的事提一提，所以插嘴道

：「他又怎麼會知道那旗人家裏的事？」周國英說：「這都是一個姓馬的告訴他的。這姓馬的單名燦，比胡舍予還荒唐十倍。他也是一個當代名流的兒子。講到這班人，甚麼四大金剛之流，那一個不是顯宦達官的子弟？他們在這裏，成千成萬的亂用；口袋裏空了，一個電報拍回家去，不到幾日又是一大堆的錢。這都是民脂民膏呵！他們掛着一塊留學生的招牌，或者進一進實業學校，並不要讀什麼書，也用不着甚麼學問，反正將來回國之後，個把做長，或者甚麼督辦，在他們不費吹灰之力，手到擒來。這姓馬的現在還沒有回國，就已有了兩個差使，都是他父親替他營幹的。他在這裏，你看，他做過一件正經事情沒有？不獨四鄉各處稍有姿色的女人，都和他要好，就是幾百里外的地方，都有他的女朋友。他一月之內至少有三個半星期不住在都市上，所以人家叫他馬齒莧，說他是專給鄉下人吃的，並叫他土和尚，因為他也是四大金剛之一，又只歡喜土貨。他有時在鄉下，還冒充甚麼公爵侯爵，借此去勾引人家的婦女；鄉下人眼皮淺，看他有勢又有錢，任他穿房入戶，不獨不攔阻他，而且很恭敬的接待他。好在他們也不把這些事情看得十分重要，沒有多少年前，已有過這樣的規矩——女兒快出嫁的時候，要送他到本鄉的大紳士或者大地主的家裏去屯留兩三天。聽說他幾個月前，在鄉下認識了一個女人。這女人在栢林多年，還在那旗人家裏當過下女；這些事情，大約是這女人講給他聽的。』左丞相搶着說：『詳細的情形，也請你說一說吧。』只見周國英閉着嘴，搖搖頭。左丞相連忙站起身來，走到他的對面，恭恭敬敬的作了個揖，並且說：『這關係我的終身大事。大概你也曉得：那旗人要把他的女兒嫁給我；所以你不肯痛痛快快的講出來，無非怕我見怪罷了。但是，假如你一定要瞞着我，那不免有些對不住朋友了。』周國英說：這些都不過道聽途說！你要我說，我也只能說不負責任的話。於你並沒有甚麼好處！你假若愛她，你娶她就是！以前的事又何必管哩！只要彼此發生關係之後，沒有甚麼就罷了。西洋女人的丈夫中間，有那一個追問過：他的妻子在與他結婚之前，有沒甚麼不規矩的舉動？』此時任他這樣的推託，左丞相總是哀求不已；後來他只得把馬燦告訴他的話都一五一十的說了出來。左丞相聽了，登時心裏難過得很，恨不能把這匈國人一把揪來，碎屍萬段。他告辭出來，走上電車，一路上癡癡呆呆的，等那電車跑到盡頭時，他才跳下車來，又乘着原車倒回家去。他在家裏，不到五分鐘久，又走出門來，決定到老佛爺的家裏，當面去問一問婉宜，看到底有沒有這回事。他剛走到動物園後面，離老佛爺的家大約十多步遠，偶然遇見了老佛爺家裏雇的那個廚婦，他一想：我何不向她打聽一下？假若我所聽得的和她所說的沒有甚麼差別的時候；那麼這事情，就千眞萬確的了。不料他向這廚婦提起此事之時，廚婦只推說不曉得。直到他許了這廚婦幾百個馬克之後，她才肯一一的說出來，並把那下女走後的情形也詳詳細細的講了一遍。這時候婉宜正站在窗子前邊，低頭看着窗下，猛然瞥見他們兩人站在街旁唧唧噥噥的說長說短，這廚婦又不時用手指着隔壁人家的窗子，不免大吃一驚；起初還以爲他們不一定是講她自己的隱事，後來越看越不對，因爲這廚婦說話之時，恐怕左丞相聽不眞切，不知不覺的做了許多手勢；末了又見左丞相掏出幾張鈔票來塞在她的手裏。婉宜此時心中着急得很，兩眼一黑，幾乎倒了下來，連忙用手在自己的胸口上拍了幾下，不料哇的一聲，噴出了一口鮮血。且說左丞相把這事情探聽的確之後，急急忙忙的走回家來，一脚把自己的房門踢開，走了進去，把門一關，對着房門，雙膝跪下，抬起頭來，看着門上掛的一面龍旗，發下了一個誓願——自此，以後，安心求學。無論如何，不再上婉宜的家。從這天起，老佛爺天天盼望左丞相到他家裏來；等了兩三星期之久，始終不見他上門；幾次寫信去邀他，他都不肯來，只說大學裏功課很忙，沒有功夫拜客。老佛爺不免有些訝異起來；婉宜心中却很明白。她此時屈指一算，兩年之約，早已滿期；汗斯不獨不前來找她，連一點音信也沒有。她又懷疑着汗斯從前所說的話完全是騙她的，她又以爲或者汗斯回家的時候半路上遭了甚麽危險。加之割胎之後，調養不周，體气一天一天的衰弱起來，近來又犯了吐血的毛病，並且兩頰發赤，一點精神沒有。家裏的人都以爲她染了熱症，用汽車把她送到一個醫院裏去。不料她在醫院門前走下汽車的時候，事也湊巧，偏偏遇見了她晨昏思念的那個汗斯，帶着一個年輕女人，手挽手的在她的面前，一步一步的走了過去。汗斯當時又何嘗沒有看見婉宜，祇是裝做不當心的樣子；婉宜只得叫了一聲：「汗斯！」他那時又何嘗沒有聽見婉宜叫他，但是頭也不回，拉着那女人，飛一般的跑了。婉宜這時候心如刀割，正想提起脚來，走進院門，不料身子往後一仰，倒在地上，牙關緊閉，暈了過去。經醫生用過一回手術之後，才漸漸的蘇醒過來。她睡在病院裏，眼中流出來的眼淚，比口裏吐出來的鮮血還多。那時候老佛爺又寫了封信給左丞相，說婉宜病得十分厲害，現在甚麼地方，要他前去看看。左丞相接到此信之後，先用電話問了問醫生，看婉宜的病是不是果然危險。醫生回說已經沒有多少希望了。他才急急忙忙的帶了幾朵鮮花到醫院裏來。他站在婉宜床前，低頭一看，只見婉宜已經消瘦不堪，面上一條條的淚痕，使他心中一陣難受。這時候婉宜慢慢的舉起一隻手來，接着左丞相送給她的那束鮮花，又把花慢慢的放在自己的嘴唇上面，欲斷欲續的聲音，說：「你不怪我嗎」？話剛說完，一連咳嗽了幾聲。看護婦急忙走上前來，把一條手巾擱在她的嘴邊。只見她又吐出了一口鮮血。左丞相看了，眼裏不住的滴下淚來……』當我的朋友說到這裏的時候，我連忙止住他道：『太可憐了！下文不必說啦。我想，大約這位小姐不久就死在這個醫院裏。』我的朋友點了點頭。兩人會賬出來，一同走上電車，不久就到了叫夜和尚的家裏。

二

我們走上電車的時候，看見裏面還坐着一個中國人，身上穿了一套半舊的禮服。我的朋友輕聲告訴我道：『這人名叫王廣恩，所謂「栢林的城隍」就是他；因他爲人十分公正，而且好管閒事；在栢林瞎鬧的一班中國小鬼，沒一個不怕他。他在大學法科聽講多年；見人就談法律。有些怕房東欺侮的中國學生，每每邀他到家裏去和房東談話一次；房東看見中國人中間也有這樣的脚色，於是對這房客，有理也退讓三分。他最恨的就是四太金剛和一人混名「拉扱桶」的，還有一個「栢林士地」也跟他合不來。因爲這幾個人的行爲，都使他見了生氣；但他又比他們後來德國，不配在他們的面前擺起架子來……』我說：『這個暫請不提。我要問你：這四大金剛之內，除開醋溜和尚士和尚兩人之外，還有誰呢？』我的朋友說：『叫夜和尚也算其中之一個。他姓葉，名叫慕儒。把他的姓名唸起來，好像「夜裏的木魚。」他的父親也是當今一個頗有權勢的人，生平又高興研究甚麼印度哲學，甚至於到廟裏去拜佛聽經，結果生下了一個這樣混帳的兒子。栢林全城幾乎條條街上都有他認識的女人。若到了半夜三更的時候，無論在那一條街上，只聽他胡哨一聲，朝街的窗子裏面不久就伸出一個女人的頭來。並且有人試驗過他的本事，果然有幾分靈驗，因此得了個「叫夜和尚」的美名。此外還有一個姓尹的，名叫敦朝，也是這四大金剛之一。他是一個省長的兒子；不過他的綽號，說起來難聽得很，不知道是那一個短命的人替他揑造出來的。他初來德國的時候，身體強壯得很；後來因爲色慾過度，一天天的虛弱起來；人家都替他担心，說他再難活三年。不過他早己把生死置之度外，只要是有名的歌妓或跳舞的明星，一旦被他打聽出來，沒有不拼命去交結的。他家裏備了許多丸藥，也不知在甚麼地方辦來的；因此這些混帳女人都高興和他來往。」我說：『他的綽號到底叫甚麼？』我的朋友搖了搖頭，站起身來，說：

『我們現在已經到了，下車去吧。』

我們到了叫夜和尚的家裏，他正和一個年輕的姑娘坐在一塊吃咖啡。我的朋友進忙走上前去和他拉拉手，又向那姑娘點了點頭，然後指着我，說：『這位羅先生，特來聽你講老哈的情史的。』只見他笑了一笑，和我見過禮，又把那姑娘向我們介紹了一囘，然後說：『只可惜我今天沒有功夫，因爲要陪這姑娘旅行去。頂多三日，頂少兩日，我們還要轉來的；那時再細細的講給這位羅先生聽。』我正打算開口和他謙遜幾句的時候，忽然又走進一個湖南人來。他也不向我們招呼一聲，開口就說：『那狗婆的，眞急死啦！房東追着我要錢，只好來找你。』這時他忽然又囘過頭來對我們看了一看；我們便告辭出來。我的朋友反手把房門帶關之後，只聽得這湖南人又高聲叫道：『他並不是沒有錢，爲什麼不肯還賬？大前天下午五點多鐘的時候，我走到他家裏；他還睡着沒有起來。他說，明天來。好！第二天我又去一趟，不敢去得太早，燃了電燈之後才從家裏動身。見着他的時候，他才起牀不久，正在梳妝打扮。他說：「我還沒有出去設法子。」我只好昨天又去！昨天到他家裏的時候，已經晚上十一點了。我敲了半天的門；他才放我進去。哼！八個姑娘，身上一絲不掛，在屋裏亂跳亂舞；留聲機開得嗚嗚的叫。我看他時，身上披着一件笠筒外套，裏邊褲也沒得。他向我說：「對不起！請你再等兩天。」他，一個省長的兒子，沒有錢？鬼也不信！桌子上，香檳酒四五瓶，是偸得來的？我正要發作的時候，他涎着臉，請我喝酒，還說用甚麼「肉酒壺」篩酒。他要先做給我看；我眞是一肚皮的氣。那時拿定了主意——無錢不走。看他怎樣！他呢？笑嘻嘻，倒出了一杯酒，交給一個光着身子的女人，又在她的面前跪下去，雙手抱着她的腿，抬起頭來，把自己的下巴靠在那女人的肚臍上，張開嘴，看着她。那女一口把這杯酒喝完，並沒有吞下去，都含嘴裏。忽見她低下頭來，把嘴慢慢的張開，裏邊的酒，不住的往下流，都落在他的嘴裏。眞做得出！這就叫「肉酒壺」篩酒。他定要我試試，把我弄得沒有法子。好吧！狗婆養的，再等兩天！假若還不給我；我登他的報，看他這燈草和尚：：：』我連忙向我的朋友說：『我想，這一定是講那个尹教朝的。』只見我的朋友點頭；於是一同走出門來。

我們又走進一家咖啡店裏，揀了一處淸靜的地方。我們兩人還沒有坐下去，只見那邊來了一對男女，在我們後面的一張棹子旁邊坐下。忽聽得這女的道：『我的丈夫起先一定要帶我到西伯利亞去；那樣冷的地方，叫我如何受得了！』這男子說：『他一個中國人，跑到西伯利亞去幹甚麼？』我們聽說甚麼中國人，不免都回過頭來，把這女人偷看了一眼。我的朋友立刻把我拉到一旁，說：『我們不要坐在那裏！這女的好像是急色鬼周監的老婆；我從前見過她幾面。此刻她大約沒有留神不知道我就在她的前邊，所以把他的祕密都講了出來。不過他說甚麼周監要到西伯利亞去，這是那來的話？我昨天還在使館裏看見他；他只說要回國去。我明天一早去看看他。他的老婆有了愛人，他知道不知道？這事非同小可！沒撞見就罷了；旣撞見了，怎能不告訴他！』這時候天色已經晚了，我便向我的朋友道：『你還要到甚麼老哈的家裏去。我看，我們最好走吧。明天有功夫再來。』我的朋友當時也很以爲然。我們便一同走出這咖啡館來；站在門外，彼此說了一聲「再見」。

這時候，我獨自一人走進一家飯館裏，打算吃點甚麼東西再回去，免得等一會又要出來吃晚飯。堂倌向我說：『這裏頂有名的菜就是「清燉蹄子加酸菜」，只是功夫長久一點。』我說，不妨！就讓他去做一份來。那邊又來了一個中國人，靠着離大門不遠的一張桌子坐下。堂倌走到他的面前，向他說了許多的話；他只是搖頭不答；末了他用手指着桌上的一張菜單，把眼睛看着這堂倌；堂倌點了點頭，回身走到廚房裏，端來一碗湯，熱氣騰騰的，送到他的面前；不一刻功夫，又給了他一樣菜，好像又是一碗湯；他吃完之後，這堂倌又把一碗湯送到他的面前：我看了很覺得奇怪。那時我要的清燉蹄子已經做好，我嘗了一嘗，不甚可口，而且很鹹。我把他吃完之後，又向堂倌要了一份紅茶。我抬頭一看這中國人，只見他坐在那裏，手裏握着一個錢包，當堂倌在他的面前走過之時，他便把手裏的錢包向上一揚。我把紅茶喝完之後，抬頭一看，他還坐在那裏。當我披着外套走出飯館的時候，他忽然向我叫了一聲「朋友」；我立刻將脚步收住，只聽他道：『你是一個日本人，還是個中國人？』我聽他是北方口音，連忙也操着京音向他道：『我是個中國人。』——『來來來！』他一邊說着，一邊站起身來，『勞您的駕！請您給我招呼伙計一聲，我要會賬啦。我說不了德國話，我老把錢包舉起來；他瞧着也不理我。』我便把一個堂倌叫到面前，讓他算了一算，一共二萬馬克。但這位先生當時只在錢包裏抽出一張五千馬克的鈔票來。我說：『這只五千，還差三倍。』他聽了又把錢包打開，把裏邊所有的鈔票都倒了出來，一總交給我，並且說：『還是勞您的駕吧。這鈔票兒上邊的字，我一個不認識。』我只好又替他拿出三張五千馬克的鈔票來，交給堂倌。他隨着我一路出來；我順便問他姓名；他說姓張名靜，是一個官費生，今天才到柏林的。他又告訴我：他不獨不懂德文，除開中文之外，甚麼文都沒有學過；從中國一直到這裏，全靠一個懂得英國話的鄉親替他當翻譯；現在這鄉親出外找朋友去了；他在旅館裏，覺得有些飢餓，便沒有等他的鄉親回來，獨自走到這條街上；他在窗子外邊，看見裏面有許多人正在吃東西，他便走了進去；又不懂得堂倌說些甚麼話，只得隨隨便便在菜單上點了幾個菜。我當時問他：『你為甚麼盡喝些湯！』他說：『不錯！那菜單兒上面的字，我一個不認識，我就隨手點了三處。不料他拿來之後，我一看：第一個是一個湯；第二個又是一個湯；第三個還是一個湯。我沒想到這菜單兒，排在前面的盡是些湯。』我又問他：『你現在住在那條街上？』他說：『這個我可不知道。我來的時候，見着一個糊滿了字紙兒的大柱子就拐灣，一連拐了三個灣兒就到了這條街上。』我說：『這大柱子名叫「李特華斯廣告柱。』無論商店也好，戲院也好，或者那一個政黨，那一個機關，要貼廣告和通知的時候，都要去找這李特華斯廣告經理處，讓他去貼。這樣的大柱子，條條街上都有；你現在分別得出來嗎？』他說：『照您這樣說，不錯！我有點兒鬧不清楚了。前面不是一個大柱子嗎？我可忘啦！朝這邊兒轉，還是朝那邊兒轉？』我說『你住的旅館叫甚麼名字？』只見他拍着頭，想了一會，說：『忘啦！這怎麼好！』這時候恰巧旁邊來了一個中國人，見我們站在街旁，有些遲疑不決的神氣，便向我們道？『你們是不是不認識道路？』我仔細把他一看，原來就是那個栢林城隍。我便指着那個姓張的，向他道；『王先生！這位是初到此地的，現在把旅館的名字忘了，走不回家去；我也想不出辦法來。』栢林城隍說：『他可記得那條街的名字？或者那條街上的甚麼建築物？』這姓張的連忙搶着說：『着啦！那旅館對面兒，我的鄉親告訴我，是一個咖啡館。我出門之後，不到幾步，我記得經過一個地方，門上裝着許多電亮兒；兩邊兒牆上還掛着許多照片。』栢林城隍說：『這是一個電影院。栢林城裏有好幾百個。咖啡館更多，條條街上都有。有的還有好幾家。你到我們中國使館的那條街上去看着，何止四五十。這個我也沒有辦法！並且我此刻要到一個朋友家裏吃飯去了；不能陪你們去找。』他又問我道：『你可認識一個姓文的？』我說：『是不是那個栢林土地？』他說：『正是！栢林的情形，他熟悉得很。條條街上停電車的地方，他都數得出來。甚麼商店，甚麼旅館，那一個好，那一個壞，他都曉得。那東西眞是個「土地」！你們去問問他。他一定有把握的。我剛才看見他走進中國飯館吃飯去了。』他說完之後，又向我們說了一聲「再會」，忽忽忙忙的走了。我便帶了這趟張的向中國飯館走來，半路上他問我道：『您到這兒想必有些時候啦！』我說：『才到不兩天。』他很訝異的道：『才到不兩天？怎麼這廣告的事情，知道這麼仔細？』我說：『我跟我的房東學習德文的時候，她告訴我的。』他說：『我還要跟您打聽打聽。我走出旅館的時候，和剛才進飯館的時候，有人對着我說：「那們的！」那神氣有點兒不好看！眼睛睜得圓圓的，直瞧着我。』我說：『這是他們向你客氣。「那們的」就是「晚安」的意思。』這時候我們已經進了中國飯館，在裏邊走了一圈，才我着了那個「栢林土地」；我便向他把來意說明；他說：『這一定是康德旅館。』那姓張的點了點頭，說：『有點兒像。我聽得我的鄉親說過一回，好像甚麼「烤的火腿」，大約就是這個吧。』那栢林土地笑了一笑，說：『不是甚麼火腿，是「合帖爾」，「中國話就叫旅館。你們不妨去試一試。』我們便告辭出來。走了不到五分鐘，只見這姓張的，在我的肩頭上拍了一下，又指着對面的一個電影院，說：『着啦！那邊兒就是。』我們便一同走過街去。他又說：『我們看看電影吧！您陪着我走了這麼遠，該酬謝您，只是要請您代買門票。

』他一面說，一面把錢包取在手裏。我說：『我這裏還有錢，用不着客氣！我買就是。』他一定攔着不肯；我只好說：『等一會你還給我吧。』他才讓我把門票買好。我們走進影戲場，入座的時候這姓張的不留神，把腳碰在一個男子的膝蓋上；那人連忙叫了一聲：「巴爾當！」只見這姓張的舉起手來，要打他的樣子。我順手一推，把他推到一張椅子上坐下；他還是氣冲冲的向我說：『我不過沒留神，碰他一下；他就用中國話罵我『忘八蛋。』您說！該打不該打？』我說：『你又誤會了！剛才他是向你告罪，並不是罵你甚麼。你假如眞的打他一下，那成甚麼話！好在你舉起手來的時候，被我一推，不曾打在他的頭上。那時他還以爲你打算對他脫帽，所以向你點了點頭。你要曉得，德國人是很注重禮節的。你也在街上走過一次兩次，可看見甚麼吵架的事？你不要以爲世界上的人，都和我們這些所謂禮讓之邦的中國人一樣。一個小小的軍官，對着百姓，或者對着他的部下，有點兒不合脾胃的時候，伸手就打，舉脚就踢。外國人對一條狗也不是這樣！還有這些做官的，商店裏當老板的，工廠裏當職員的，甚至於一個闊人的汽車夫，對於他們的屬員，伙計，工人，所有比他們不如的人，你看那神氣！好像就只他們是人，別人都是畜類！就說一個人力車夫吧。他的車子要是和別人的車子在甚麼地方碰一下的時候，無論出自有心或者無心，彼此登時破口大罵起來。他們以為誰不開口，誰就喪失了人格；還要大家搶着先開口：此之謂我們祖傳的禮讓！你看一看德國人吧！假如你無意之間，碰他一下；他不但不惱，反謙遜地說「對不起，」剛才他對你說：「巴爾當」卽是此意。你聞此話，應當比他更客氣了。還有甚麼口角之事！卽便你有意欺侮他吧，他也不會立刻和你翻臉對罵起來，或者央人拿法律解決，或者找第三者來評判。實在是大不了的事情，用不着旁人干預的時候，那麼彼此約好一個日期，偷着在一個僻靜的地方去比一槍。無論如何，不會當着衆人吵鬧起來的。』姓張的聽我一說，邊連點頭稱是。這時候電影院裏已有了不少的人。我抬頭四面一看，只見姓張的旁邊坐着一個女人，年約二十多歲，擦了滿臉的粉，嘴唇上還塗了一層胭脂。這樣的女人，在法國不稀奇；在德國，我却是第一次看見。因爲德國人都看不起這樣的打扮。那時姓張的問我，爲甚麼這電影院裏沒一個年幼的兒童？我說：『德國政府，對于國民教育從來認眞得很。無論甚麼影戲都要經過他的審査。不能讓兒童看的影戲、十八歲以內的男女就是用金子也買不到門票。只有星期日下午，有許多影戲院專映敎育影片，到了那時年幼的人，才可以進去。平常的日子差不多家家門前都掛着一塊木牌，上面寫明「兒童不能入內。」並且，假如查出了某家影戲院，任意將門票賣給一個未滿十八歲的人的時候，那麼這影戲院的管事人，至少要在牢裏坐五天。』我的話剛講完，場內的電燈已開始慢慢的熄滅，接着就映出影戲來了。我看完一幕之後，正打算問一問姓張的，看他也懂了甚麼沒有；不料他早已靠在椅背上睡得沉沉的；旁邊的那個女人看着他也好笑；我連忙推他一推；他睜開眼睛兩邊一看，問我道：『完了嗎？』我說：『還早着哩！』過了一會，我又看他一眼，只見他坐在那裏，兩目出神，頭上的汗珠，黃豆一樣大。原來他旁邊的那個女人，歪着身子，把肩頭靠在他的手臂上；笑容滿面，不住的拿眼睛瞟他，加之她滿身的香水氣味，一陣陣的鑽到他的鼻孔裏，使他魂銷魄散：看他神氣，好像又驚又喜；我不免暗笑了一聲。電影快完的時候，我又回過臉來，只見他把一隻右手，握住那女人的左手，擱在自己的腿上，眼睛半開半合的，看着那女人的臉，恨不能一口把牠吞到肚裏去。電影映完之後，我們一同走出場來；那女人還跟在我們的後面。這姓張的眞是「一步一回頭」；我只好說：『張先生，你放她走吧！你又不會說外國話，況且這又不是能請翻譯的。』只見姓張的臉上一紅，哼了一聲。那時我們已經到了康德旅館的門前，我便向他告辭走開。走了不到幾十步的光景，我正想回過頭來看他們一看，忽聽得對面有人叫我，我連忙趕上前去，原來是我的朋友吃過壽酒出來。我們兩人見面之後，我便把剛才那姓張的如何找不到自己的旅館，如何在電影院裏遇見了一個混帳女人，一一的告訴了他。兩人笑了一回。他又陪我走回我的寓所，並約我第二天在中國飯館會面之後，告訴我一樁有趣味的事情。

第二天下午一點鐘的時候，我和我的朋友在中國飯館把午飯吃完之後，泡了一壺茶，我的朋友又開始高談闊論起來。他說：『老羅！你看，現在德國人也算很是窮了；但社會的秩序，總還過得去。全國的教育事業，並不因財政困難的原故，停頓起來。都市上失業的人，都由政府設法救濟，至少每天可以領得幾個買麵包的錢。你再看一看我們中國，遍地貪官汚吏！無論大小學校，一年一年的只有減少，沒有增加。旁的建設事業，更不必提！無論是誰，還沒有上台的時候，就已打好了主意，怎樣的刮地皮。小百姓又不爭氣，不曉得另找一條出路，只天天盼望一個眞命天主出來，現在，甚麼資本主義的國家也好，甚麼帝國主義的國家也好，只好大家有飯吃，馬上就可太平。中國人並沒有甚麼奢望，需要的就只一個廉潔政府。右丞相有時也說得不錯　他說，中國人那裏懂得甚麼自由！明明有人迫得他們沒路走，偏要說今年運氣不佳。這豈不是沒有意義的話！有一天，我和他們幾個人，同在這裏討論政治問題。各人雖不免有些滑稽的話，然對於中國與全世界的關係一層，都能看得清清楚楚。現在國內一班高談政治的人，說他們不明瞭國際的情勢，這已是把他們看得太高！他們甚至於說世界上有五大洲，而滿洲亦其中之一。你說可笑不可笑！』這時候我連忙插嘴道：『罷了罷了！我還是高興聽你講甚麼情史。昨天晚上你約了我，並沒有提起今天要談政治。』我的朋友向我笑了一笑，說：『好！你既對於這個不感覺興趣，那麼從此以後，我再也不向你提起這些話了。我現在就講昨晚的事吧。我昨晚和你分手之後，到了老哈家裏。我見着他的時候，向他喝了個「恭喜」，又和他的未婚妻應酬了幾句。他們兩人原來昨日證婚，請了不少的客，還到了幾個德國教授。有一個和我坐在一塊，他說他在大學圖書館管理東方書籍，也說得幾句中國話。他當時問我：「稿首基和」；我一時回答不出來；他又一連講了兩遍；我還沒有聽懂，只得請他寫出來給我看。老羅，你猜一猜！他講的到底是甚麼？原來是「高壽幾何？」我今年還不到三十歲，那裏料到他問我一句這樣的話！那時候左丞相，右丞相，酋長，周國英這班人都到了；還有我們昨天在叫夜和尚家裏遇見的那個湖南人也隨着猢猻屁股來了；我打聽那人姓齊名幹生，混號「蠟鎗頭」；不久，栢林城隍也到了。大家團在一塊吃過晚飯之後，蠟鎗頭向大家又擺起那尹敦朝的事；末了他還說，到過五通神家裏，向他借錢，他那時正挨了一個中國女人的耳光，沒處發洩，拿他出氣，兩人幾乎打了一架。我便向他打聽那中國女人是誰。他說，姓唐名閑，到了栢林已有兩年之久，除開五通神和他的兄弟以外，恐怕沒有幾個中國人認識她；她也從來不和這些人來往。那時周國英問他：「五通神爲甚麼挨她的打？」他道：「昨天下午，五通神和他的兄弟到了唐嫻家裏；唐嫻剛洗完澡，披着一件浴衣，坐在沙發上；五通神看了不免有些流涎，也不管他的兄弟在旁，向她唱起情詩來。」左丞相想問唱的甚麼情詩。蠟鎗頭說：「那裏甚麼情詩！他的兄弟告訴我，他唱的是：人無千日好；花無百日紅！我的姐，你不要荣籃提水一場空！……那狗婆的，拍的一聲，一個耳光上了臉。」左相說的：「活該」！那時栢林城隍捻着拳頭往腿上一擊，說：「你們以爲那唐閑是個甚麼好東西？她不過不和中國人來往罷了，天天却和一些外國人鬼混。知道她的人都叫她鹽鴨蛋，說她是用鹹水泡出來的。兩個月前，我在漢堡還看見她跟着一個外國男人住在一個旅館裏。」周國英說：「這甚麼有稀奇！半年前，我在巨人山旅行的時候，落在一家旅館裏，不料她也來了，還有四個外國男人陪着她，同住在一間房子裏，就在我的隔壁。我聽得他們嘻嘻哈哈鬧了半夜。第二天早起，我在門外遇見了她，看她時，面色灰白，眼睛上圍着一道黑圈，幾乎把我嚇了一跳。」那時蠟餘頭搶着道：「這有甚麼稀奇！她總是一個女的吧！還有我們國內一個學者的兄弟，像貌並不十分好看，那狗婆的，他在這裏……」他正說得高興的時候，老哈帶着他的未婚妻，走來陪我們談話。老哈的未婚妻，不懂得中文；有她在面前，我們只好說德國話；又因旁邊坐着幾個教授，不便讓他們知道這些醜事；這話頭就不免打斷了。不久，我起身告辭，走出來就遇見了你。』

這時候我拿起茶壺來，給我的朋友倒了一杯茶。讓他喝乾之後，問他道：『昨天你不是說過嗎？今早要去看一個姓周的。你去了沒有？』——『沒有。不過他的事情，我昨晚已經打聽清楚了，正要講給你聽。』他一面說，一面拿起茶壺來，又倒了一杯茶，『兩年之前，周監作在履落登堡車站的旁邊，每天坐着火車到東城去上學。他那時在一個工業講習所研究化學。有天他下課回來，在火車裏遇見了一個德國女子，年紀不過二十，花容月貌，美麗無雙。他看了心中不免作癢；但又沒機會和她講話，只好目不轉睛的看着她，却不敢露出一點輕狂的樣子來，因爲怕她見了生氣。那時火車已經到了霞落登堡車站，他本應該在這裏上車的；只因捨不得離開這女子，所以留在車裏，動也不動。這女子看他坐在對面，木彫的人兒一樣，不免有些好笑。火車又走了幾分鐘久，在西盡頭的車站停住。這女子走下車來，出了車站，向西邊走去；周監連忙跟在她的後面；她並不覺得。走了不到兩百步遠，只見她頭也不回，趕進街旁的一所大洋房去了。周監站在門外一看，這所洋房，高有五層，裏面怕不止住了十戶人家。他又不敢冒昧走了進去，在門外躊躇了許久，不得主意，只得走到街的對面來，站在一個停電車的地方，裝做等候電車的樣子，抬起頭來　對着對面的洋房發怔。這時候柏林的電車已經停了十分之七八；儘管他站在那裏等候，差不多半點鐘久，不見有輛電車過去，他也沒有覺得。旁邊忽然來了一個年老的婦人，向他道：「先生，我看你也等了不少的時候了。你不知道嗎？這條街上早就沒電車行走了。」周監聽了，只好向她脫脫帽，說了聲「謝謝」，提起腳來，正想走開，猛然把頭一抬，只見對面洋房的窗子裏伸出一個人頭來。他仔細一看，原來就是同車的那女子。他這時又驚又喜，只礙着這老婦人在旁，不便久停。他幾步邁過街去，又抬頭一看，那裏還有她的影子！他跺了跺腳，恨了一聲，低下頭來一想，「不入虎穴，焉得虎子！」他便走進那洋房的大門，停住腳步四面一看，只見壁上掛着一個住戶姓名表。幸虧他還記得那女子站的是三樓左旁的一個窗子後面，他連忙把那住戶的姓名一查，原來是個名叫密勒的牙醫。這時候樓梯後面忽然轉出一個老頭兒來；周監看他像一個看門的，正想退出去避他一避。不料這老頭子幾步趕到他的面前，說：「你找誰？」周監只好說：「我找密勒醫生。」

「你沒有看見嗎？大門口貼着他的通告：今日停診。」老頭子一面說，一面把他混身上下打量了一番。他這時候情急智生，掏出一張馬克票來，塞在那老頭子手裏，並且說：「恕我沒有看見。謝謝你的指示！」那老頭子登時轉過笑臉來，說：「先生還有甚麼吩咐？」——「我正要和你打聽一下」。周監說到這裏，陡然有些不好意思起來，他原想問一問，密勒醫生是否有個年輕的女兒，現在他覺得這話很難出口，所以立刻改口道：「我明天來找他行不行？」——「明天，要是你上午有功夫，定可以找着他」。周監聽了，只好告辭出來。他站在門外，又抬頭看了半晌，甚麼也沒有看見！他料想這時候很難有希望再見她一面了，便一步一步的走回家來。到了家裏，晚飯也不吃，躺在沙發上，胡思亂想了一陣，又走到穿衣鏡前，把嘴張開，露出一口雪白的牙齒來。「這是沒有辦法的！」他想，「我的牙齒實在一點毛病沒有。但是明天借甚麼題目去找他呢？兩天前雖淌過一次鼻血，這卻不干牙醫的事！」他揹着手，在房中踱來踱去，十多分鐘久，忽然把頭一抬，兩手向前一合，連搓了幾下，說：「有了！我明天去找他，只說我牙縫裏出血就是。」他想妥了這條計策之後，不禁眉飛色舞起來，頓時覺得腹內有些飢餓，他便在外面菜館裏胡亂吃了些東西，走回家來，又把明天要着的衣服檢撥了一回。第二天上午約摸十點鐘的時候，他雇了一輛汽車，趕到密勒醫生家裏；當時有密勒夫人出來招待他，讓他到候診室裏坐，並陪着他談話；他便趁此機會問密勒夫人道：「夫人有兒子麼？」密勒夫人道：「可惜沒有！但有個很可愛的女兒，今年十九歲了，在國家銀行當書記，每日早出晚歸。」周監聽了，滿心歡喜。這時候密勒醫生已經走了出來，把他讓到診斷室內，先問他有甚麼毛病；他說，牙縫裏出血。密勒醫生便把一根小小的溫度測驗表插在他的嘴裏，不久又把他抽出來，看了一看，搖着頭問道：「你的牙縫裏的血，自然流出來的嗎？」周監只得點了點頭。密勒醫生道：「我看，你不必吃藥吧，每天用涼水多嗽幾次口就是。」周監聽了，臉上火燒着一般，連忙把診金付清，告辭走下樓來，掏出一條手帕，拭了一拭額上的汗，走出大門，頭也不回，一直回家去了。這天他下課之後，又乘着火車到了西盡頭，在密勒醫生住宅的窗子底下徘徊了半點鐘久。他幾次抬起頭來，總是看不見甚麼。他想：這時候密勒小姐莫不是跟着她女伴到甚麼地方去頑耍去了？他又想：密勒小姐既有了這樣大的年紀，而且長得如此美麗；愛她的人一定很多；這時候莫不是跟着甚麼男子在那一個咖啡館裏坐着？天色看看晚了，還不見她的影子，他只得離開這裏，走回家去。到了第二天下午，他下課出來，也不上火車站，一氣走到國家銀行的大門外站住。不到幾分鐘，銀行裏下工，男的女的，老的小的，好幾百人，一陣擁出大門來，都從他的面前經過。他仔細一個個的看了一下，並不見密勒小姐在內。他當時失望得很。等到銀行的大門上了鎖，他才走開。他坐在火車裏一想：莫不是她昨晚跟人家跳舞，夜深不回去，身子乏了，今天告假在家養息？他回到家裏，懶洋洋的，晚飯也不吃，摸着床，倒頭便睡，在床上翻來覆去，一夜不曾合眼。第二日，一早起來，穿好衣服，早飯也沒吃，坐着火車，又到了國家銀行門首。他從八點半起直到十點多鐘，在那大門外，走來走去。把進內上工的人都細細的看了一遍，總是不見有個密勒小姐。這時候他想：莫不是她病了？他漸漸的覺得兩腳酸痛，便在一個咖啡館裏休息了一會，又吃了些早點。十一點多鐘的時候，他又到了密勒醫生的住宅前邊，他遠遠的曾見大門上掛着一塊白的東西，連忙走上前一看，原來一塊召租的牌子：上面寫着：「密勒醫生家有一間什物齊備的臥房出租。」周監看了，不知不覺的「阿彌陀佛」唸了一聲，幾步走上樓去，把門叫開，見着密勒夫人的時候，行禮不迭，並且說：「我很高興住在你的家裏。你肯把這間房子租給我嗎？」密勒夫人道：「先請你看看！不知合式不合式？」——『一定合式的』！他隨在密勒夫人後面，一邊走，一邊說，「每月房租多少？」密勒夫人便告訴了他一個數目。他進房一看，這間房子實在比霞落登堡車站旁邊的那間差得多，而且價錢貴了一倍。他這時也管不了許多，便拿出一月的房租來，交給密勒夫人，並約她明天一早搬去。他一路上笑嘻嘻的走回家來，向他的房東道：『明天我要到外省旅行去，不知道甚麼時候才得回來。房子不要了，東西明早一準搬出去。』並且多給了房東半個月的房租；房東自然沒有話說。第二天上午，他果然搬到「密勒醫生的家裏。那天下午，他安心在學校裏上了幾點鐘的課，晚上走回家來，向密勒夫人道：『我希望你能允許我看一看你的女兒，免得將來失禮，若在甚麼地方遇見她的時候。』密勒夫人道：『可惜她已經睡了！因爲她起得早，所以也睡得早。且等明天再給你介紹吧。』到了第二天早上，周監起床之後，不料密勒小姐又已上工去了。這天是星期六下半天周監沒有功課，他並在家裏，一心只等密勒小姐回來。三點多鐘的時候，密勒夫人走來問他道：『周先生，你現在出門不出門』？周監說『不！我要到晚上才出去。』——『那麼很好！明天星期日，我今天不能不出去多買點吃的東西。我現在到市場去了。我的丈夫也不在家。只怕我的女兒沒把鑰匙帶在身旁！假若她回來叫門的時候，請你開一開，何如？』周監連忙說：『好好！我很願意替她開門』。密勒夫人出門之後，周監在自己的房裏，走也不是，坐也不是，後來隨手在書架上拿了本書，躺在一張沙發上，把書打開，從第一頁第一行看起，慢慢的看下去，看了半天，眼睛還是看在第一行。並且，只要聽得樓梯上有腳步聲響，也不管是不是密勒小姐，立刻跳起來，走出房門，等待門鈴響。但這些腳步聲音，不是響到上一層去了，就是在下一層收住了。他不免有些煩燥起來。到了四點多鐘的時候，猛聽得門鈴當當的響。那一刹那間，他的一顆心幾乎跳到嘴裏來了。連忙把手裏的書，往沙發上一抛，三脚兩步，走到門邊，把門打開一看：一個蓬頭散髮醜陋不堪的下女，站在門外。見面就問密勒夫人在不在家；周監回說不在；只見她叫了一聲『謝謝』，回身去，走進對面那人家去了。周監把門一關，走進房來，從沙發下拿起那本書來，又從頭一行看起。不久門鈴又響，他又連忙把書放下，走到門邊，把門打開，一看：這回又不是甚麼密勒小姐，原來一個小孩子，送晚報的。周監把報接在手裏，關好了門，剛走進房來，又聽得門鈴一响。他這回可沒有前兩次那樣發狂了。他慢慢的把門打開，只見一個年輕的女子，笑嘻嘻的，走進門來，說了一聲「謝謝」。周監連忙問道：『你找誰？』那女子道：「我不找誰』。周監這時候覺得攔阻她也不是，不攔阻她也不是，只得說道：『密勒先生和他的夫人都出去了。』——『是呀！幸虧有你在家，替我開門」。她一面說，一面把身上的外套脫下來，掛在壁上。周監這時候眞是進退兩難，末了只得問道：「你是誰呀？」這女子聽了，笑了一聲，答道：「我就是密勒先生的女兒」。周監登時吃了一驚。他想：「這不是白日遇見了鬼嗎？這個與我那天在火車裏撞見的完全兩樣啊！」這女子看他滿臉訝異的神氣，忙說「先生，你不相信嗎？等一會密勒夫人回來了，我定叫她一聲媽媽。」周監只得說：「我怎敢不相信！不過前幾天我在這裏請密勒先生診病的時候，看見了一位小姐……」這女子不等他講完，搶着說道：「那是馬克斯小姐呵！她家住在海台山，到栢林來學習音樂的。她在我家裏住了半年之久，三天前，她回家去了。空下的這間房子，現在租給你的就是啊。」周監此時好比淋了滿頭冷水。他因到自己的房裏，躺在沙發上，呆了半晌，才嘆出一口氣來。後來他閉着眼睛一想，密勒小姐雖不及那女子豔麗，但是姿態並不平常，而且十分活潑。能有一個這樣的女朋友，也算前生積了不少的陰德。他點了點頭，站起身來，走到穿衣鏡前，從口袋裏搜出一條手帕來，把面上的黃油揩得干干淨淨，又把頭髮理了一理，拿着那份晚報，走到密勒小姐的房門前，輕輕的敲了兩下。密勒小姐在裏面叫了一聲「請」。

他連忙推開門進去，把手裏的報遞給密勒小姐，並且說：「這是剛才一個小孩子送來的。」密勒小姐伸手接了，說了一聲「謝謝」又讓他坐在一張沙發上，問他在那個學校讀書。他想：若告訴她在工業講習所讀書，怕她瞧不起；便說在栢林大學。他又問密勒小姐工作辛苦不辛苦。兩人東拉西扯的談了一會。不久，密勒夫人回到了家裏，周監便說他要出去吃晚飯；密勒小姐再三叮嚀，教他早些回來，再陪她講話；他連聲答應，春風滿面的走出來，在外邊把晚飯吃完之後，又忽忽的趕到家裏。那時密勒小姐正和她的父母坐在客廳裏閒談，他走上前去，又陪着他們講了兩點鐘的話，並約了他們明天上午到動物園散步。第二天一早，周監起床之後，剃髫子，梳頭，穿衣服，整整的忙了一早晨。那時密勒小姐也打扮得嬌嬌滴滴。密勒醫生夫婦還準備了一包吃的東西。四個人一路乘着火車，到了動物園車站，一同跳下車來，在樹林慢慢的走動了點多鐘久，又選擇了一塊草地，大家坐下來，隨便吃了些東西，接着，密勒醫生從口袋裏抽出一份報來，唸給大家聽。後來周監又講了一回家鄉景緻，自不免言過其實。他說：「我們中國，金錢滿地。小康之家，也是奴婢成羣。不比你們德國，一個大學教授的夫人，還要親自燒茶煮飯，擦地板，洗衣裳。』說得密勒夫人連連抽聲嘆氣。密勒小姐這時候心裏雖然羨慕中國婦人，只是嘴裏不服氣。她說：「為甚麼一個男子要結婚呢？就因為他的婦人能替他料理家事，使他專心自己的事業。若事事呼奴喚婢，又何必立室成家！」周監只得強辯道：「我們中國男子的娶妻，目的並不在得她的幫助。」密勒夫人道：「那麼目的在甚麼？』周監道：『只要她生兒子呀！」說得大家都張開口笑了一會。他們直到午飯時候才一同走出樹林來。周監又請他們吃了一頓午飯。下午五點鐘的光景？周監又把他們拉到一家影戲院裏。他讓密勒醫生夫婦坐在一處，他和密勒小姐坐在一處。那時正映着一個愛情影片？他時時留意密勒小姐的神情，想找出一個機會來，向她說幾句愛慕她的話；密勒小姐却專心一意的看電影；周監只得當着影戲裏一對男女接吻的時候，輕輕的叫了一聲「美呀！」密勒小姐聽了，回過頭來問道：『何以見得？』周監道：『愛，是一樁樂事；被人家愛，是一樁更樂的事了。』——「可惜我沒有這個經驗，不能斷定你說的對不對。」密勒小姐說完之後，又回頭看影戲去了。周監當時不敢多說，因怕密勒小姐不理他，倒把事情弄僵了。從此以後，周監只瞧着有機會的時候，便找密勒小姐閒談。只可惜除開星期日和星期六之外，他們兩人很難聚在一處　密勒小姐最初對于周監並無愛慕之意；直到四個星期之後，才覺得周監待她異常殷勤，心裏不免有幾分感激他。一個女子的心，至堅也不過一個堡壘罷了。天天攻擊，安有不下之理！有一天，周監在外邊買了一份畫報，送到密勒小姐房中；他一看裏面沒有別人，便把一隻手托在密勒小姐的背上，用眼睛看着她的嘴，輕輕的說：「我親愛的小姐！你也看見我的心麼？」密勒小姐聽了，面上一紅，倒退了幾步；周監跟着上前，一把將她抱住，說：「我實在愛你呀！」密勒小姐把頭一抬，眼睛閉着，讓周監在她的嘴上吻了一下。她接着又低下頭來，伏在周監的肩膀上。半晌，她才把周監推開，走到桌子前邊，拿起那份畫報來，低頭細看。周監又輕輕走上前去，涎着臉叫着她的小名道：「瑪利，你可相信嗎？愛，是一樁樂事；被人家愛，是一樁更樂的事！」密勒小姐聽了，抬起頭來，向他微笑了一下。兩人又吻了一回。從此以後，周監若遇見密勒小姐的時候，沒有他人在旁，不是吻她，便是抱着她。這天星期六，下午四點多鐘光景，密勒夫人提着一個布袋，又到市場上去買東西，那時家裏就只剩下周監和密勒小姐兩人，因爲密勒醫生也出外替人家看病去了。當時密勒小姐坐在周監房中，拿着一本海涅情詩，唸給周監聽。周監坐在她的旁邊，把一隻手圍在她的頸上。念了不到兩頁，周監忽然把這一隻手抬起來，搶着那本情詩，往桌上一拋，把嘴湊在密勒小姐的耳邊，說：「我完全是你的了！』瑪利，你呢？』——『我不完全是你的；因爲我還要嫁一個丈夫。』她一面說，一面把頭靠在周監的臉上。周監說：『你願意嫁我嗎？』密勒小姐聽了，回轉頭來，在周監的眉心上吻了一下，說：『你旣願意做我的丈夫；那麼我完全屬你了！』周監這時候連忙跳起來，伸手把房門鎖上。三個月後，密勒小姐看周監再沒有提過娶她的話，這天便偸着向周監道：『我們現在不能不趕快準備結婚的事了；我的腹內已經有了孩子哩！』周監道：『現在我身邊的錢有限得很。且等我有了錢的時候再說吧。』密勒小姐道：『但你也應該向我的父母說一聲，說你願意娶我。』周監道：『我想，這個不成問題。你的父親是不管事的；你的母親很歡喜我，沒有不允許的道理。只等我家裏寄來了錢的時候，先一天跟他們說一說，第二天我們便到巴黎去結婚。』密勒小姐道：『我們德國的規矩：男女兩人要結婚的時候，先一個月，要去報告市政廳，讓他們把兩人的姓名寫出來，掛在壁上，給大家看；

一個月內假若沒人前來阻止的時候，他們兩人才可以舉行結婚禮。我想：你家裏的錢至多不過一個月就到栢林了。我們何妨先把這事辦一辦」周監道：「我們最好到巴黎去結婚，免得許多的麻煩！」密勒小姐聽了，沒有甚麼可說。三個星期之後，周監果然接到了家裏匯來的一筆款子。密勒小姐又向他道：『事不宜遲！若等我的父母知道我有了孕，那就弄得大家都沒有面子了。』周監被她迫得無可推託。這天晚上，他當密勒醫生全家坐在一塊吃飯的時候，走到密勒夫人面前，半吞半吐的說道：「親愛的夫人，你能饒恕我的唐突麼？我向你請求你女兒的手。」密勒夫人聽了，把眼睛看着她的丈夫。半晌，密勒醫生向他的女兒道：『這是你的終身大事啊！你已有結婚自主的年齡了；我不能管你。只是你要慎重一點！』密勒夫人看她的丈夫並沒有十分露出不允許的意思來，便回頭向周監道？『只要你是眞心愛我的女兒；我還有甚麼可說！』周監聽了，連忙在她的臉上吻了一下，又走到密勒醫生面前，搶着他的手拉了一拉，在口袋裏掏出一個紙包來，將他打開，裏面兩個黃澄澄的戒指。他把一個套在密勒小姐的手指上，又把她的手放在嘴邊吻了一吻，然後自已又帶上那一個，陪着他們坐在一塊談了半天的家常瑣事，末了又拿出一點錢來交給密勒夫人，請她代買點甚麼吃的東西，明後天請請客。這時候密勒小姐心裏的一塊石頭已經放下，她歡歡喜喜的走進房去，把手上的戒指看了一看，冷笑了一聲。「我假如不騙他一騙，說我有孕，」她想，「恐怕這事情沒有這樣的好結果吧。近來我看他漸漸對我有些冷淡起來了。若不早早的和他結婚，難免將來不發生變故。」周監這時候回到自己的房裏，閉着眼睛，仔細一想：「我這事情，不免做得荒唐。我家裏已有妻有子，一時候就算把她瞞過，將來總有還鄉之一日；到了那時，又怎麼辦？罷了罷了！火燒眉毛，且顧眼下。」兩個星期之後，周監因爲密勒小姐立意要和他在栢林結婚，並天天催他到市政廳去報告兩人的婚事，他只得走到栢林城隍家裏，向他請教結婚的手續。栢林城隍道：「中國人和德國人結婚，只能在別處舉行，一定要在栢林，是沒有辦法的。」周監問他甚麼緣故。他說：「幾年前有個廣東人，在栢林和一個女子結了婚，兒子也有了。後來這廣東人因事回國，臨走的時候，約了他的婦人：到家之後，便匯錢來給她做路費，並且自己親到香港接她。不料這人一去之後，年多沒有音信；這婦人到處託人打聽，才知道他在廣東做了官。她又寫信給他；再等也沒有回信。她只得到市政廳去告他。市政廳便和中國使館商量。使館裏的人回覆他道：這個沒有辦法！廣東有廣東的政府；我們沒有權力管他。市政廳的人便把這些話告訴了那婦人。那婦人聽了，痛哭了一場，帶着她的兒子，住在家裏，天天禱告上帝，只求她的丈夫有心回意轉之一日。自從此事發生之後，市政廳便通知中國使館，說：無論那一個中國人要跟一個德國人結婚的時候，若在境內舉行婚禮，法律上不承認他有效。」周監聽了，只得回來和密勒小姐商量，末了才決定到巴黎去結婚。他們兩人結婚之後，同住在麗村湖旁邊。那時周監已在工業講習所畢了業。他把畢業證書拿到家裏，不料被他的妻子瑪利一眼瞥見，氣憤憤的問他道：「你爲甚麼當時騙我，說你在栢林大學讀書？」周監答道：「爲甚麼你也騙我，說你腹內有了孩子？」瑪利聽他這樣一說，登時淚如泉湧。周監被她一哭，不得主意，只好走上前去，說了許多陪罪的話；她才轉過笑臉來。周監那時還有個表兄弟在栢林，他是從法國來的，到了此地之後，天天在外邊跟着一班朋友胡鬧。沒錢的時候，就尋着周監要。起初周監多少總還給他一點，結婚之後，因爲用費較大，又知道他的表弟要錢也沒有正用，所以每次不等他開口，就回絕了他。他的表弟懷恨在心，有天便把他娶德國女人的事詳詳細細的寫了封信寄回家去。他家裏又把這椿事告訴了周監的父親。周監的父親聽了，氣得遍身發冷，馬上匯了一筆款子給周監做路費，逼着他立刻回家，並且說：以後無論如何，再沒有錢寄來給國；假若不肯回來，便不要他做兒子了。周監接到此信之後，知道有些不妙。一想不回去，在這裏的生活費用，有誰來接濟呢？而況自己又沒有一點賺錢的本事。因此坐在家中，悶悶不樂，又不敢向瑪利提起此話，知道瑪利無論如何不會讓他一個人回家的。一算身邊的錢除開自己回國的路費以外，剩下不過美金五十元，至多可以維持兩個月。瑪利這幾天看他愁眉不展，問他有甚麼心事；他只說接得一封家信，上面寫着：兵匪爲災，財產大受遺失；住宅燒了不算，所有的田地都被人家佔據了。瑪利聽了，登時大失所望，不免暗自啼泣了一回。這天晚上，他們夫婦兩人，坐在飯廳裏，相對無言。各人想起了自己的心事，都不住的長吁短嘆。忽然來了一個朋友，跨進門就拉他們兩人到一個酒館去跳舞。他們兩人只得換過衣服，隨他出來，一同坐車到了選侯酒店。在裏邊揀了一張桌子，圍着坐下。開了一瓶香檳酒。樂隊奏起樂來，先是周監陪着瑪利跳了一回，接着他的朋友又陪她跳了一回。那時忽然來了一個外國人，年紀不到三十歲，滿臉笑容，走到周監的朋友面前，兩人拉了拉手，又對着周監夫婦，比齊脚跟，點了點頭。周監的朋友又給他們彼此介紹了一回；讓他在一旁坐下；侍者連忙送來一個酒杯。周監的朋友又指着他向瑪利道：「這位培根先生，是西門子工廠的技師，會音樂，跳舞更不用說，本事比我們高幾倍」這時候培根連忙站起身來，向周監道：「不知道我有沒有這光榮，陪尊夫人跳舞一次？」周監點了點頭，說了聲「請」。瑪利也不推辭，兩人抱着在人叢中鑽來鑽去。周監側過臉來細看他們兩人，只見培根向他的妻子問長問短，兩隻眼睛滴溜溜的轉，好像心中不懷好意。他連忙回過頭來問他的朋友道：「這位先生可娶過妻？」——「沒有。他是我房東的親戚；我跟他並沒有多少交情。只聽得我的房東說過：他要算男子中間的一個很漂亮的，要娶妻，一千個也不難，只可惜太窮，每月的收入又很少，現在不講娶妻吧，就是要結識一個可以共同生活的女子，沒有本錢也是不行的！他就連這小錢也沒有。」周監聽了，閉着眼睛，想了一想，又端起酒杯來，呷了一口，把嘴閉得緊緊的，點了點頭。這時候兩人已跳畢囘來；周監裝着滿臉笑容，向培根道：「可憐我的瑪利，自從和我結婚之後，不曾痛痛快快的跳舞過一次。我又是一個不會跳舞的人。我很歡喜，若是你高興多陪她走兩趟的時候！」培根聽了，連說「遵命」。他們兩人一氣怕不止跳了二十次。周監就只陪着他的朋友談話；他的朋友倒覺得很稀奇，搖着頭向周監道：「這是很危險的。培根很有些手段，你不可大意！」周監聽了，抬起頭來，哈哈一笑，說：「我是個怕做烏龜的人嗎！」但他的朋友總有些放心不下，他囘過頭來一看，只見培根把瑪利抱得緊緊的，兩人目不轉睛的對看着。他一想不對！等他們兩人跳完之後，忙把一個侍者叫到面前，會好了賬，說：「夜深了。我們走吧！」大家只好起身一同走出門來。臨別的時候，培根握着瑪利的手，露出了戀戀不捨的神氣。周監的朋友看了，實在過意不去；他把帽子一揚，向大家道：「恕我不奉陪拉」！他說完，頭也不回，跳上一輛電車去了。周監這時候用手托着自己的嘴，連連把頭點了幾下，又抬起頭來向培根道：「明天星期，你想必有功夫；請你到我們家裏來談談，何如？」培根一口答應了他。然後彼此講了一聲「再見」。周監便和瑪利坐着最後的一輛電車，回到麗村湖的旁邊。當他坐上電車的時候，忽然叫了一聲「呵呀！」滿車的人都回過頭來看着他。瑪利連忙問道：「你怎麼的？」周監只得答道：「我忽然頭痛」。其實他何嘗頭痛？不過因一時記起了剛才不曾把住址告訴了培根，恐怕他明天找不着。誰料到培根早已在跳舞的時候向瑪利打聽得淸淸楚楚了！第二天下午五點鐘光景，培根拿着幾朵鮮花，走上門來。周監笑嘻嘻的迎着他，忙讓他在沙發上坐下。瑪利走了出來，兩人又應酬了幾句。瑪利接着這幾朵鮮花，放在鼻子前邊，低着頭，翻起眼睛，看着培根笑了一笑，然後把他插在一個瓶子裏。周監這時候回過頭來，向瑪利道：「我們該早準備點吃的東西！」培根連忙揚手道：「不要客氣！不要客氣！這時候點心店都關了門。」周監道：「不妨！還有辦法。瑪利，請你到一個咖啡館去買一包點心回來，何如？」培根不讓他說完，連忙站起來道：「我去，我去。」周監立刻伸手一把將他拉住；那時瑪利早已拿着一個錢包，說了聲「對不起」，忽忽的下樓去了。培根只得仍舊坐下來，向周監道：『你們待我這樣的客氣，實在使我心中不安得很。」周監道：「沒有甚麼！我只希望你不嫌我們待慢，時常來談談。並希望你能陪着瑪利到各處頑頑耍耍。因爲我很少功夫出去，有時候出去也無非找幾個同鄉研究學術，每每讓她一個人冷清清的坐在家裏。想起來實在對不起她。」培根聽了，又愁又喜。喜的是瑪利行動自由；愁的是每月收入不多，沒有閒錢，陪着一個女人頑耍。只得支支吾吾的答道：「這是應該遵命的。不過近來百物昂貴，戲院酒館都比戰前……」周監不等他說完，伸手在口袋裏拿出十塊美金來，一面交給他，一面說：「自然不要用你的錢！你先把這個拿去，但不要向瑪利提起。」培根一看，十塊美金！一想，若把他換成馬克，比自己兩個月的薪水還多。連忙伸手接來，說了一聲「謝謝」。不久，瑪利從外面回來，手裏拿着一大包點心。培根迎着又說了許多抱歉的話。他又走到廚房裏煮了一壺咖啡；大家一同到飯廳裏坐下來，隨便吃了一些。周監只推說頭痛，讓瑪利陪着培根閒談，他獨自走進房來，躺在沙發上。漸漸的已是七點多鐘了。瑪利又到廚房裏把晚飯弄好；培根幫着她搬碗碟，鋪桌布，忙了一陣。瑪利走來叫周監吃飯；周監又推說頭痛不想吃。瑪利只好獨自一人陪着培根，把晚飯吃完之後，培根又邀她到國家戲院去聽戲，她當時沒有應許，走來和周監說：「培根先生請我去聽戲；你病在家裏，我怎好走開！」周監連忙道：「不妨，他一番好意；你若不允許他，怎使他下得去！我很想清清靜靜的睡一會。也許到你聽完了戲回來的時候，我的病已經好了。」瑪利聽他如此說，兩步走到他的身旁，在他的嘴上吻了一下，然後梳妝打扮了一回，跟着培根進戲院去了。這時候周監一把滾下沙發來，站在穿衣鏡前，把頭髮理了一理，走出大門，到一家菜館裏，他吃了一頓。周監吃完晚飯之後，走回家來，寫了一封家信，說兩週內一定啓程回國。寫完之後，也不等瑪利回來，獨自上床安歇。看看十二點鐘了，忽聽得門外汽車聲响；他猜着一定是瑪利看完了戲回來，連忙翻身下床，站在窗前一看，只見街旁停着一輛汽車；培根握着瑪利的手，站在大門外，唧唧噥噥的說了一陣；又把瑪利的手放在嘴邊吻了一吻；回頭走上汽車。周監看到這裏，連忙走上床去，把被頭遮蓋着。不久就有開門的聲音。只聽得瑪利走進房來，到床前站了一站。周監裝做已經睡熟，一聲不响；她也不來驚醒周監。第二天一早，瑪利起床之後，周監才抬起頭來，問她昨夜甚麼時候回來的，戲好不好。瑪利一一的告訴了他，並問他的頭痛好了沒有。他說，已經好了。到了晚上七點多鐘的時候，培根又走來邀瑪利出外跳舞；瑪利一定要拉周監同去；周監說，頭痛才好，怕到了跳舞場又發作。瑪利只得獨自一人隨着培根前去，一直到十二點才回來。周監又站在窗內偷看了一回，情形和昨晚一樣。次日晚飯過後，培根又來邀他們一同出去看電影。周監只說要在家裏等候一個朋友，讓瑪利陪着他前去。瑪利到了十一點看完電影之後才回來；周監又裝做睡着沒有理她。到了第二天，第三天，培根再也不上門來了。這天黃昏時候，周監推說出去看朋友，其實他走到培根家裏。他見着培根開口就問，爲甚麼兩日不來。培根道「我不該把那十塊美金做一次換了。那曉得馬克一天一天的不值錢，所以只有三天，就已用得乾乾淨淨。」周監道：「你爲甚麼不早和我說？」他立刻又拿出十塊美金來交給他，笑嘻嘻的告辭出來。次日晚飯過後，培根果然又打扮得齊齊整整，帶着一朵鮮花，走來邀瑪利出去跳舞。第二天又邀她出去聽戲。第三天是星期日，吃過午飯之後，瑪利對周監道：「從此以後，我再也不同培根先生出去了。一來我看他這幾天用了不少的錢；二來你又不肯陪我們一道去，將來有人說甚麼的時候，我也沒有法子向你剖白。」周監道：「我看、你還是陪他頑耍頑耍吧，要是他再來邀你的時候！人家說，他家裏很有錢，而且他個人的收入也很多。進進跳舞場，看看戲，還能花費多少！你怕人家說話；那麼，只要我能相信你，又有甚麼可怕！而且我是一個喜歡清靜的人；你要是牢守着我，不免太無聊了！」剛說到這裏，培根又來了，邀瑪利去逛尼古拉湖。周監在旁極力慫恿她前去。他們兩人走了之後，周監便到一個朋友家裏，談了一下午，又在一家菜館裏吃了一頓晚飯。約摸八點鐘光景，他回到了家裏，一看瑪利還沒有回來，他又走下樓去，不料剛出大門的時候，遠遠的看見了他們兩人手挽着手，向這邊走來。他連忙往旁邊一閃，藏在隔壁人家的大門內，等他們兩人走了過去，他又伸出頭來，只見他們兩人走到自己的大門外，止住脚步。瑪利一定要培根上樓去休息一會。培根只說明晚再來。末了，兩人拉手告別的時候，培根一把將瑪利抱住，說：「慈悲的瑪利呀！」瑪利漸漸的把頭抬起來；培根便在她的嘴上吻了一下。周監看了，心中一陣難受。這時候瑪利忽然將培根一把推開，說：「這是第一次，也是最後的一次呵！」培根笑了一笑，說一聲「再見」，回轉身來，一步步的踱回家去。周監便跟在他的後面，一同到了他的家裏。培根回頭見着他，不免大吃一驚；只得讓他坐下來，問他見着瑪利沒有。他說：「我沒有回去。因爲剛才在這街上見着你走進門來，我正要和你講話，所以也跟了進來。請你不要見怪！我現在有句話問你；你也不必隱瞞；而且無論你的回答怎樣，我賭咒不生气。」培根搶着問道：『你問我甚麼？」——「你愛不愛瑪利？」周監說完之後，偷着看他的神情。停了半晌，培根才答道：「她的確是一个可愛的婦人呵！」——「那麼，你願意娶她麼？」培根聽周監這樣一說，幾步倒退到一張桌子旁邊，眼睛睜得圓圓的，說：「你瘋了嗎？」周監把嘴唇閉得緊緊的，搖了搖頭，末了又說道：「培根先生！你假若能發誓娶她；我便幫助你的結婚費用，並且還把我房子裏所有的什物用具都送給你。我自己呢？三天之內就離開德國，永不回來。你看怎麼樣！」培根聽了，將信將疑。末了只見他伸出三個指頭來，說！「我發誓了。你不哄我嗎？」周監也伸出三個指頭來，「我也發誓了！」他說完之後，告辭出來。臨別的時候，周監又拿出十塊美金來交給培根做他們結婚的用費，並且再三囑咐他：不要把他們兩人的事在瑪利的面前洩露出來。培根只好又發了個誓。周監回家之後，瑪利還沒有安歇。她見着周監的時候，心中一陣不安。周監也不理她，口口聲聲只嚷着「倦啦」，上床歇息去了。第二天一早，周監出去買了一張船票，又到中國使館把護照辦好，還到了幾處別的地方，晚上十一句鐘左右才走回家來。原來這天晚飯過後，培根又來看過瑪利，並跪在她的面前，說了些愛慕她的話，勸她和周監離婚。瑪利只是搖頭不允，並且說：「

我的丈夫對我不過冷淡些罷了，並沒有旁的錯處。」培根見她如此說，跪着不肯起來，漸漸的眼淚也滴下來了。「親愛的瑪利！我沒有你；世界上也將沒有我了。我一生的幸福，就關係你一句話。只一句話呵！他可以改變我的命運。瑪利！我愛你！我爲你殺人，我爲你死！你若允許我：你渴了，我的血便是你的飲料；你餓了，我可以把身上的肉割下來。我們結婚之後，我相信：我們的住宅裏面，充滿了愉美的空气；我們的住宅前邊，擺着一盆盆的鮮花，都笑嘻嘻的對我們開着；小鳥的唱歌是讚美我們兩人的生活的；世界上再起了大戰爭的時候，搶砲的响聲，在我們也不過一場音樂罷了！慈悲的瑪利呀！我靜候着你的福音——你只點點頭吧！」瑪利聽了，想起她將來的幸福和周監目前的景況，不免嘆气一聲，說：「你起來吧！明天我給你回信何如？」培根到臨走的時候，還拉着瑪利，要吻她一回；瑪利一定不肯說：「這也是明天的事！」培根去了之後，很久，周監才走回家來，他見着瑪利，便說：「我爲生活所迫，安逸的日子都已過去了。所以剛才約好了一個俄國朋友，一同到西伯利亞去，尋覓一條生路。你明天一早起來，把東西收拾一下。這些粗笨的什麼物都送給你的父親吧。反正我們也不打算再回柏林來了！」瑪利聽了，登時面上慘無人色，幾乎哭了出來。她向周監道：「西伯利亞，一個如此寒冷的地方呵！你也不先問我一聲：願意不願意去？」——「你不去又怎樣？我能隨隨便便的把你丟開嗎？我現在就只這一條生路！否則要餓死。」周監說完之後，兩人寂靜了一會。末了，瑪利很決絕的叫道：「我不去！」——「那麼我明天就一個人走吧。」周監一面說，一面把眼睛看着她。半晌，只見她問道：「你甚麼時候回來？」周監道：「就是我的靈魂也再不回來了。你若不去；將來只能在天上或者在地獄裏看見我。」瑪利聽了，心上一酸，眼淚如雨點一般的滴下來。周監又接着道：「你若不去；我們的夫婦關係，恐怕在我上車之後就完全斷絕了。」瑪利這時候一想：「

就斷絕了吧！我嫁給培根就是。十日以來，你對我如此冷淡！晚上獨自一人睡覺；白天和我講不到十來句話；把從前的恩愛都一一的忘記了。」便說：「好吧！你一個人走就是。我們的夫婦關係就算斷絕了吧。」說到這裏，止不住又落下淚來。周監便從口袋裏拿出剩下的那二十塊美金來，並且說：「這也夠你一兩個月的生活費用了。我只帶着我的衣服和書籍走。其餘的一概屬你！」瑪利聽了，哭得更不成模樣。周監看了，心中十分不忍，忙走上前去，一手扶着她，一手拿出一條手帕來，替她把眼淚拭乾，又在她的額上吻了一回，安頓她睡下。周監又把自己要帶走的東西檢拾了一回，再走到床前一看，瑪利張開着眼睛，眼淚還不住的流下來。他想：我在未到家之先，和女人在一處，恐怕這是最後的一夜吧。接着他又想起了兩人以前的恩愛。此刻不過爲家庭所迫，得個這樣的下場。心中實在不安得很。所以這晚對於瑪利百般親愛萬種溫存，恐怕自結婚以來，比不上這一晚！第二日一早兩人起床之後，周監又清檢他的書籍；瑪利斜靠在寫字檯邊，四肢無力，低下頭來，看着周監扯碎的許多書信。不到一刻，她忽然抬起頭來，向周監道：「我的親愛的丈夫呵！我不能離開你，我不願意離開你，我決定了，跟你一塊走。」周監聽了，猛然吃了一驚，一時候一個字也回答不出來。後來他想起了瑪利是一個國家主義的信徒，跟共產黨勢不兩立，便騙她道：「瑪利，我不能隱瞞你！我到西伯利亞去，原來是幫共產黨工作的，因爲我也是其中之一。恐怕你去了，要引起你的氣惱吧。」瑪利聽了，「呵呀」一聲，半晌無言。後來忽然幾步走到周監面前，雙膝跪了下去，抱住他的腿，抬起頭來，說：「我的丈夫！我恨共產黨，但是我愛你呀！」恰巧這時候門鈴一陣亂響；瑪利只得起身走了出去，把門打開，一看，原來是培根！他和周監夫婦見禮之後，喜洋洋的說道：「工廠裏讓我休息幾天，這是照例每年有一回的事，我所以一早便來看你們。」周監說：「你來得好！陪陪瑪利吧。我正要出去。」

周監走開之後，培根又向瑪利提起昨日的話；瑪利道：「且等下午再說吧！現在讓我一個人想一想。」培根便約她下午在一家咖啡館門外會面。昨天我們在咖啡館裏撞見的便是。昨晚周監上火車赴漢堡之先，還見了培根一面，問他結果如何；他說很好。周監又把這件事情，詳詳細細的告訴了他的那個朋友。不料我昨晚在老哈家裏遇見了他；我向他提起周監的事，他才一五一十的說了出來。」

三

我自從那天和我的朋友在中國飯館分手之後，五天不曾出門。我的朋友也因有事到明星去了。我坐在家裏，除開學習德文之外，有時和一個名叫安娜的姑娘坐在一處閒談。她是房東的內姪女，家住在漢堡，現在到栢林來看她的姑母；她的姑母就留她住在家裏。她是一個很活潑的女子，而且非常聰明。她要跟我學習中國話；我每天隨便教她幾句；她一學便會。有天她向我說，她若在栢林久住的時候，便做一個枕頭送給我，讓我睡在上面，時時刻刻想念她。這天晚上我請她和我的房東，一同去看了一回歌舞戲。第二天一早，她走到我的房裏，捉住我的手，半吞半吐的道：『羅先生，我有一個理想，很想讓他實現』。我問是個甚麼理想。她羞答答的不肯說出來。我便一把摟住她，向她道：『你若不說出來，我便吻你』。她說：『我偏不說出來』！等到我吻了她一回之後；她才坐下來，『羅先生！我在我的熟人中間，』她說：『沒有見過一對眞有愛情的夫婦。講到結婚，本來沒有多少意義；所以我們歐洲的女子，很多在年輕的時候，在商店裏或者在工廠裏找一個工作，一面維持自己的生活，一面使自己白天有事做，不至於坐在家裏難過，但是下工之後，今天隨着這個跳舞，昨天隨着那個看戲。這樣的混日子，一直到二十六七歲，戲也看夠了，要也玩夠了，便開始尋覓一個丈夫。若到了三十歲還沒有尋着之時，就不免恐慌起來了。那麽，只要是一個有能力娶妻的人，無論他的頭髮白的也好，滿嘴的鬍子黃的也好，他一開口，馬上便答應他，一點也不猶豫。這樣的結合，在女的只能說有了個歸宿，在男的好比雇了一個長期的女僕，說甚麼恩愛！還有許多女子，到了十八九歲的時候，就想尋覓一個丈夫，只因自己的條件太苛，中途經過兩三次的痛哭，末了還是找着一個不如意的』。我這時插嘴問道：『兩三次的痛哭怎樣講』？她說：『一個青年男子，因爲自己的生活上沒有切實的保障，每每不敢提起結婚的話，也不願意提起結婚的話，若是他爲性的需要結識了一個女子，而這女子又只抱着一個選擇丈夫的目的，那麼，這男子就不能不用欺詐的手段，最初對這女子表示極熱烈的愛，只等訂婚之後，長久的半年，短促的半月，翻過臉來，不僅不理她，甚至於把當時訂婚的戒指也要回去給一個別的女子戴。這女子自然傷心痛哭，尤其是在第一次。愛情本來就是牆上的粉，至于「恩愛」這字更不要提，無論是母子的也好，男女的也好，在目前這種經濟制度之下，斷不會有存在的道理。所以我只想有個理想的家庭實現，使詩歌裏所有讚美的字句都在這家庭裏跳躍起來』。我說：『可惜我的朋友不在這裏！不然，你們兩人倒可以組織一個這樣的家庭。我始終懷疑着「恩愛」，所以我們兩人各有不同的傾向，而且我已有過這樣的家庭，現在離開牠了，我的新的信仰叫我打破牠，現社會又和我衝突了。安娜小姐呵！我希望你能遇見我的朋友……』安娜不等我說完，紅着臉問道：『你已有了妻子嗎』？我說：『不錯！但我的朋友還沒有找着一個適當的』。剛說到這裏，我的朋友來了，他敲着我的房門；我讓他進來之後，立刻把安娜介紹給他，並說了一聲「天作之合」。他和安娜談了許久，彼此都覺得情投意合。從此以後，我的朋友時常到我的家裏來，一天也不間斷。有時他陪着安娜，卻叫我陪着房東老寡婦，一同到樹林裏散步。我的房東，自從認識我的朋友以來，沒一回不說他好，一來因他留心禮貌，二來他到我的寓所來找我的時候，手裏沒有一次不拿着一包巧古力糖，讓我的房東笑嘻嘻的接着。所以不到兩個星期，她自告奮勇，帶着我的朋友和安娜，搭車到漢堡，和安娜的母親商量這頭親事去了。有她這張吃甜了的嘴，那怕事不成功！所以不到一個月，他們兩人便在漢堡結了婚，不久又回到柏林，在陶倩街租了一所房子住着。安娜的確是一個美麗的女子！她的微笑，若使我們國內的政治犯看了，立刻要忘記他們所受的殘酷的刑罰，立刻要停止了他們呻吟的聲音。有天我的朋友向我說：『我從娶她之後，忘記了世界上有不平的事。我的桌子上不會有一個秃了的筆頭，抽屜裏不會有一張最後的紙。她的殷勤，使我所有的熟人都高興前來訪我。失意的男子，見着我們兩人，無端的滴下淚來。就是大學裏的老教授，也時常來看我們；因爲安娜的微笑可以恢復他們的記憶力。近來我的享用，比結婚以前優美百倍，但是費用未嘗增加少許。我把所有的錢都交給她，而我身邊的錢袋裏不曾空過一次。即使我在外面把身邊所有的錢都買了書籍，或者買了幾朵能引起她的微笑的鮮花，但到了第二次出門的時候，我又可以大胆的走進一家商店去。我不曾說過口渴才有飲料擱在我的面前……』我不等他說完，就止住他道：『夠了！夠了！我怕她，我不敢見她的面』。我的朋友笑了一笑，說：『星期六晚上，她還要請你吃咖啡呢』！我說：『我不去。謝謝你們』！爲甚麼我怕她？原來有天我在他們家裏，和我的朋友對坐着談話的時候，她站在我的朋友旁邊，把一隻手放在他的肩上，又一隻手叉住自己的腰，低下頭來，把頭靠在我朋友的臉上，帶笑的看着我，說：『有天羅先生在他的房子裏吻過我一回哩』！這個話是可以告訴我的朋友的嗎？雖然我的朋友聽了，只打一個哈哈，但是我的褲頭都幾乎汗透了。

自從我的朋友結婚之後，我在柏林少了一個伴侶，也沒有機會去找那個「叫夜尙和」，聽他講老哈的情史。我坐在家裏，房子裏的寂靜驅逐我出去；我到了街上，年輕的婦女們使我三步一停，五步一轉，但始終沒有這樣的勇氣——走上前去把帽子脫下來。到了黃昏時候，腓特烈街上的下等妓女，每每對着過路的人點點頭，或者叫聲「寶寶」。她們多半是陵夷的俄國貴族，和流落此地的匈牙利人。也有老的，也有少的。我若到了煩悶的時候，每每到那條街上去散步一回。我並沒有勾搭她們的意思，不過她們的微笑，在我也是一種安慰呵！這天下午，我遠遠的看見了一個中國人，跟着一個年約四十又胖又醜的下等妓女走進一家旅館去了。我訝異得很，忙走到那旅館門前一看，只見這兩人一步步的走上樓去。不到兩分鐘，這中國人忽然跑下樓來，抬頭見着我，連忙招手教我進去，並且向我說：『你會德國話嗎？請你替我辨釋一下。我以爲這女人有馬克票換，所以隨她走到這裏來，不料她進房之後，一把揪住我，乘我不備，在我的嘴上吻了一下，這且不說，他又仰睡在床上，裙子也解了。我想，她是瘋了吧』。我說：『誰教你找她』！他說：『我才到此地不久，不會講德國話。有人告訴我，誰要把美金換馬克，最好到腓特烈街去。

那街上有許多偷着做這交易的人，他們遇見外國人的時候，點頭爲號。若要換錢，馬上就可以跟他們說價。我又聽說今天一塊美金在這條街上至少換得一萬萬億馬克，但是在銀行裏只換得四千萬億。我便把「一萬萬億」這個字學會，又學會了「多少」怎樣講。練習數遍之後，便搭着火車到這街上來。剛出車站不到幾步，就遇見了那個女人，她向我點了點頭，我便問她「多少」。她吱吱呀呀的說了一句，我沒有聽懂，後來我把「一萬萬億」這個字講出來，她立刻把我帶到這裏……』他的話還沒說完，那又胖又醜的女人已經下樓來了。她看見了我，便向我道：『這位先生見着我就說價錢，我只要他一千萬萬億克，他說給我一萬萬億，不料他進房之後，一看就跑了。這錢給我還是不給我呢』？這時候滿旅館的侍者都站在旁邊，睜起眼睛，聽說新聞，我便向那女人解釋了一回，說得大家哈哈大笑起來。那女人聽了，搖了搖頭，和一只水桶一般，移出大門去了。這中國人聽我說那女人是個賣淫的，臉上一紅，伸出舌頭來，半天縮不進去。旅館裏也沒有向他要房錢，放他同我一塊走出來。我問他的姓名；他含含糊糊的向我說了一個蔣不蔣，江不江的字。我跟他告別之後，不料又撞見了一個在法國見過的同鄉。他蠻拉着我到他的家裏去，說有事跟我商量。我只得隨着他走。他姓吳名師用，是一個華工，在法國辛苦了幾年，積下了不少的錢，後來裝做一個紳士模樣到德國來頑耍。在柏林住了多年，手邊的錢看看用盡，要囘國又沒有路費。他打聽得趙公明到了德國，便打算設法把他綁起來，綁個十萬八萬，在外國舒服一輩子。他住在北城一個名叫李托斯的流氓家裏。李托斯有個妹子，名叫梅娣，看她的哥哥沒有能力結婚，便替他找了一個臨時妻子，就是她的臨時丈夫的妹妹。她的臨時丈夫名叫闊耳，是一個汽車夫。只因他每天要駕着汽車在外邊裝客，不免把梅娣冷清清的丟在家裏。自從吳師用搬來之後，她待他比誰都好，有時教他德文，有時脫去衣服跳舞着給他看。李托斯站在一旁拍板，臨時嫂嫂坐着打鋼琴，只瞞着闊耳一人。有天李托斯兄妹兩人都不在家，臨時嫂嫂走進吳師用的房裏來，說他們不該佔據了梅娣，要告訴她的哥哥去，讓他拿手槍來打他。吳師用再三哀求，不要她洩露；她只是搖頭不答。末了吳師用許她一頂帽子，她不要；再加上一雙皮鞋，也不要；再加上些錢，她才說：『我只要一個中國人』。迫得吳師用只好又極力的巴結她。不料後來又被梅娣發覺了，跳起來說，要告訴她的哥哥去。弄得吳師用左右爲難，末了只好對她們發誓，說發了財的時候，帶她們兩人到巴黎去。彼此才算相安無事。吳師用知道要綁趙公明不是他一個人做得了的事。他又是一個粗人。粗人有野心的時候，沒有不網羅幾個知識份子的。我們國內的政客所以如此之多，也就由于這個原故。他把我拉到他家裏之後，開口便問我有甚麼辦法。我當時騙他，說趙公明早已離開德國，但他很有把握，說上午還有人看見他。那時梅娣和臨時嫂嫂都走來看我。一個唸書的人，皮膚自然要細嫩一點，並且不會少這幾個買剃刀的錢，所以嘴邊時常刮得乾乾淨淨，她們兩人對着我擠眉弄眼，使我如坐針氈。我聽她們說話都不大像德國口音，有時只好裝做不懂。她們坐在我的身旁，這一個看看我的手，那一個摸摸我的頭。我想，假使吳師用不在跟前 我至少也要被她們每人咬去一塊肉。吳師用看她們吵得厲害，便把我拉進一家酒館裏，坐下來又商量綁趙公明的事。我給他介紹一個幫手，是一個到德國不久的小商人。他說：『不行！這樣的人才沒有用處』。他又問我：『能不能把張仁找來』？我說：『你去找他就是』！他又叫我給他一點本錢，我說：『這件事情成功了我不分贓，失敗了我不負責。我若拿錢出來，便算有了一份。我目前的生活還算安定。最好你去找別人』！他聽了很不以爲然，道：『不義之財取之何害！趙某賣國殃民。撞見了他，不要害他性命，已算是對不起同胞；綁他一下，至少也使國人痛快痛快。況且送上門來的買賣，既不比興兵點將，放火殺人，又不比假借名義，增加捐稅。有甚麼做不得』！我說：『算你是個好漢，文武全才；只是柏林的警察很厲害，沒有不破的案子，而况他們是資產階級的奴僕……』他插嘴道：『大事成功，我還是一個無產者嗎？假若綁得百多萬的時候，我也可以招軍買馬，在國內佔據一塊地盤。外國人瞧着我有百姓滿身的肉，怕不來巴結我！就算倒霉，事情發覺，輕則被他們驅逐出境，重也不過拘禁三年。不是說大話，我吳師用銅筋鐵骨，豈僅坐牢，板子也不知挨過多少。我動身來法國的時候，腿上的棒瘡還隱隱發痛。胆子是打大的；造反是殺出來的。你一身嬌嬌嫩嫩的肉，做起事來，怎得不畏首畏尾！給你的屁股上來幾塊疤印，你能知法不犯嗎？我起先也是個安分良民，在家鄉幫着我的父親耕田種地，從來沒起過壞意。每天吃的雜和麵，不會拿他和隔壁王十萬家的白米飯比一比；每晚蓋着一塊稿薦，不會想到那王十萬家馬背上的絨毯子。王十萬家的馬跑出門來，吃田裏的麥子；我敢伸手打我的兄弟，却不敢伸手打他。我把他牽開，王十萬的兒子見了，說我偷他的馬，叫地保把我綁起來。當時我哀求他，說我是他佃戶的兒子。他眼睛向着天上，說：「不打他，我的馬還想出門嗎」？我的腿上就挨了一百板。我的父親跪着說情；他理也不理。我病了的母親，連走帶爬的趕來，被他一腳踢出門去。第一板打在我的身上，我叫了一聲；門外的人都跟着我號哭起來。我那時把心一橫，牙齒咬得緊緊的，哼一聲不算好漢！讓他們打下去。王十萬的兒子還罵地保受了賄，打得我不痛。我在家裏睡了三天，才能下床行走；我母親的眼淚也哭乾了。但是到王十萬家裏走走的人，都說他打的是賊；凡屬受過虐待的佃戶，見着我，沒有一個不眼圈兒一紅。失望，報讎，公道，壓迫我把「安分良民」這塊招牌去掉。我毒死王十萬家的馬。縣官幫着他把我關在牢裏。強盜來刧獄，連我一起救出來。我回不得家鄉，也只好做強盜。我又想起了我母親的病，便偷着回來看她。白天藏在深山裏，蛇纏過我的腿，螞蟻飲過我的血；半夜三更我才出來。走到了家中，母親已睡在幾塊木板釘成的一個匣子裏。我不敢哭。我的父親抱着我；我的兄弟忘記了我打他的仇恨，對我流下淚來。假如門外狗叫一聲，我便被他們推進床鋪底下。父親教我偸着出門去，發憤圖強。我母親遺下的一根銀扁簪拿出來，給我做路用。我走到天津，人家又說我是扒手，打我一頓。我睡在一個教堂外面，腿上流出血來，着西服和着馬掛的人，見着我，都回過頭來。一個西洋婦人可憐我，叫人把我扶進教堂，治好了我腿上的傷痕。她向我需索報酬，我便信了她的上帝和聖瑪利。她介紹我到法國作工。我記起了父親的話，發憤圖強，也進過華工學校。但是繁華和放蕩引誘我，讓我學會了喝酒，量比海還深，喝了又吐，吐了又喝，從來不討饒。社會又強迫我着華麗的衣服，抽雪茄烟。我已在這裏舒服了多年，要死也值得。就算警察厲害吧，打老了的屁股還怕坐牢嗎』？我說：『照你這樣講來，你是個好漢！罪惡是社會造成的。好吧！我帮你出主意。第一，闊耳是個重要脚色，少不得他！因爲他有輛汽車。第二，李托斯也要勾通好，肥羊就藏在他的家裏。第三，那兩個女人更少不得，只有她們才可以把肥羊牽上車來。詳細的辦法，你和他們去商量吧。我今天身邊只有五塊美金，你先拿去再說。事情完了，好好歹歹，講給我聽一聽』。他伸手接了我給他的那五塊美金，說：『羅先生，假使我將來回國之後，做了個把甚麼司令；所有文官的缺，儘你先挑選一人』。他說完了，張開口，打了個哈哈。我們便一同走出酒館來，他還問明了我的住址，告別而去。

我走進中國飯館去吃晚飯，不料遇見了那個姓張的北方人，和栢林城隍同坐在一塊。姓張的見着我忙把我拉到他的旁邊坐下。我問他怎麽認識了王先生；他說：『提起來，話長得很。可惜我馬上要上律師家裏去，來不及告訴你。我一去不過半點鐘就回來。你們久坐一會兒，讓我回來了再吃飯。我請你們』。栢林城隍道：『

你就走吧。快去快回』！姓張的走了之後，我問栢林城隍道：『他上律師家裏去幹甚麽？』栢林城隍道：『取錢去了』。我又問道：『到底怎麽一回事』？栢林城隍道：『兩個月前，這張靜從一個電影院出來，遇見了一個女子。他那時還懂不得一個德國字。幸虧有個同鄉替他當翻譯，才曉得這女子家裏有間房子出租，問他要不要。他那時正住在一家旅館裏；所以第二天就搬了出來。這女子名叫麗西，家裏有個父親，掛着一塊猶太人的空招牌，骨子裏窮困得很。張靜搬到他家之後；天天有麗西陪着，倒也相安無事。不到半個月久，麗西向張靜說：「我的父親要借點錢做買賣；你有沒有」？張靜便很慷慨的拿出一百美金來交給麗西的父親，也沒叫他寫一個字據。他在麗西家裏住滿一月之後，麗西的父親忽然叫他搬家，說他不該拖欠房錢。他那時便來找我，央我去和他的房東理論。我到了他家裏之後，他的房東蠻不服理，口口聲聲只叫張靜搬出去。我便向他道：「張先生目前付不出房錢來，不過因爲官費沒到罷了。遲兩天總得付淸的，而况你已經借過他一百美金。你怕他不給你房錢，在這筆借款裏照扣就是。你實在要他搬出去；那麼也可以。一百塊美金却要請你快快還來」。他說：「那裏有這樣的事！他不付房錢還事小，要賴我一百塊美金嗎？我找律師去。」我說：「他也會找律師的』！那時我問張靜，麗西到那裏去了。他說，五天前到比國去了。我想這事情有些不好辦，一無人證，二無字據，打起官司來，十有九輸，一成希望，就只當堂發誓。第二天他果然接到了律師的一封信，他拿着又來找我；我登時介紹了一個有名的律師，替他寫了一封回信。但是那房東所請的律師也很有名，是猶太律師中頭一流的脚色。不久，那房東果然提起了訴訟。我問我們的律師，有沒有把握；他說，不怕。開庭的那一天，我和張靜都到了。法官先問被告。我們的律師說：「中國人只講信義，借錢給人家，每每不問人家要甚麼字據。而况被告是一個官費學生，又初到此地不久，身邊有把塊美金算甚麼稀奇！而且原告忽然能經營商業，他的資本那裏來的」？那猶太律師道：「中國人的習慣，何能用作我們法律上的辯證！而且原告經營商業一層，完全不是事實」。德國的法官素來不大袒護猶太人的，他說：「被告能發誓麼」？那猶太律師又搶着說道：「發誓一層，在信仰耶教的人類中方能發生效力。要一個異教徒的中國人伸出三個指頭來，有甚麼意義」？法官也不多問，只說下回再審。我們走出法庭來，找着我們的律師，問他怎麼辦。他說：「這官司已經輸了九成半。現在只有一綫希望，就是把原告的女兒找來做個證人」。恰巧這天麗西已從比國回來。她跟張靜總算有點愛情吧！張靜爲她花費已經不少。她身上穿的，頭上戴的，那一樣不是張靜替她置的。加之她父親的這種舉動，事前並沒跟她商量。張靜也算聰明，看她一進大門，不等她見父親的面，就把她一把拖出來，到一個咖啡館裏坐着，又打電話給我。我連忙趕去，先陪她談了些比國景緻，再提起這件事情。她起先聽了面色緋紅，到後來才允許張靜做個證見。不過有個條件。假如她父親的官司輸了；她在家裏斷難立足。張靜就不說和她結婚吧，但是在她未找着一個丈夫之先，要和張靜住在一塊。我問張靜怎樣；他說：「只要能出這口氣，我在德國多久，她可以跟我多久」。事情議妥之後，我又要我們的律師補了一張狀子。到了第二次開庭的時候，我們的律師向法官道：「現在有原告的女兒來做被告的證人」。法官便叫麗西上前，先伸出三個指頭來；法官又點了點頭，然後問道：「你的父親借了張某一百塊美金，你看見麼」？麗西這時候拿眼睛看着她的父親，法官問她的話，好像沒聽見一般；法官又問了一遍。只見麗西兩行眼淚不住的流下來。法官說：「默認了麼」？麗西點了點頭，退下堂來，回頭就走。官司是贏了！堂費，律師費，都由麗西的父親清付。麗西還得了一筆證人車馬費，也是法官判她的父親拿出來的。第二天張靜便搬了出來，找了一個新的寓所，和麗西住在一處。麗西的父親又把他藏着的那些美金都照數繳出來，還眞是「陪了夫人又折兵」！我們的律師把這錢領到手裏，剛才叫張靜去拿。這事算有了個結束」。我們談談笑笑不覺已過了個多鐘頭，還不見張靜回來。栢林城隍不願意再等，叫伙計隨便弄了點吃的東西，吃完之後，向我告辭走了。我再等了半點鐘，才見張靜回來。我問他爲甚麼去了這樣久；他說：『因爲律師有事情出門去了；等候他半天才回來。錢已拿到了手。只是對不起栢林城隍，害得他白等了這許久』。他說畢又叫了幾樣菜。我們飽吃了一頓。後來他又告訴我道：『那晚我們從電影院出來，因爲不信您的忠告，把那女子帶進旅館裏。她問了我許多的話；我一句不懂，我也說不出甚麼來。兩個人只好對着發笑。我捉住她的手，我吻她　她後來坐在我的身上。不料我的鄉親推門進來，見着我們這般親熱，很不高興。不想這女子也懂得幾句英國話。他們兩人不住的說說笑笑；我坐在一旁難過得很，後來實在忍無可忍，便和我的鄉親理論；他才給我當翻譯，讓我和這女子祇談了幾句。她要我搬到她家裏去，每天教我德國話；我自然滿口答應她。後來她要回去；我的鄉親勉強拉住了她，並且對我說：「我明天就動身到比國去了。她今晚該陪我一陪。你們將來的日子反正長久哩！」我不等他說完，便給了他一個耳刮子。我們兩人又不免吵鬧了一回。她那時連忙寫了一個住址，也不和我們作別，一竟回家去了。第二天一早，我走出旅館來，看見街旁停着一輛汽車，便把那女子寫的地址拿出來，給車夫看了一看，再坐上車去，讓他開到那條街上。我下車之後，因為不知應該給他多少錢，便向他做了做手勢，教他等一等。我細看那地址單上有個四字。我想，大約寫的是門牌四號。我走進門去，看見有樓，走上樓去，又有層樓，又走上去，還有層樓。每層樓有兩個大門。門上雖然釘了住戶的姓名，可惜我不認得，我又不知道那女子的姓名，我只好拿着那住址單兒一個個字的去比，覺得個個字都相像，又覺得沒一個字相像，急得我走上走下，煩燥得很，最後決定坐着原車回我的「烤的火腿」去，向我的鄉親陪個禮，央他帶我來找一找。當我垂頭喪氣走下樓來的時候，在第二層樓上，忽然看見一個男子從一家大門裏走出來。我連忙趕上前去，把地址單兒遞給他看了一看。他向我說了幾句；我一個字不懂；他又用手指着樓上，我那時不知不覺的便走上了一層。但是仍舊沒有辦法。幸虧樓上又走下一個老頭子來；我又把那地址單遞給他看了一看；他笑着把手指着樓上；我只得又走上一層。恰巧一家大門裏走出一個老婦人來；我又把這地址單兒遞給他看了一看；她把嘴閉着，對着旁邊的一家大門拱了一拱，忽忽的下樓去了。我走到那大門邊，不知道應該怎樣的叫門。我打算在門上敲幾下，一看門上漆得放亮的，一點印蹟也沒有，我想這門上一定沒人敲過，敲的辦法斷不會對的。我偶然發現了壁上釘着一個黑色的圓餅兒，中間有個白色的磁心。並且離這大門不遠。我想這是電鈴了，便伸手按了一按，只聽得樓梯下嗶喇一聲，樓梯上的電燈統統燃了。我當時吃了一驚；但不到兩分鐘，這些電燈又都熄了。我不免對着這大門發怔，想拚着性命來試一試，在門上敲幾下，忽然看見那住戶門牌底下，有一個不大不小的銅環。我想，對了！要敲也只能敲這個。我便用手掌在那上面拍了一陣，一聽裏面總是寂靜靜的。這時候我最担心的就是怕門外的汽車夫不耐煩久等，吵鬧起來。我正打算走下樓去，給他一點錢，讓他走，忽聽得大門裏面有人走動的聲音，我連忙又把銅環拍了幾下，那時不獨不見有人開門出來，連這脚步聲音也沒有了。我想，這只好囘去和我的鄉親商量一下再來吧。我囘轉身來，正想走開的時候，不料我的衣袖把銅環帶住，往上面拖了一把，猛聽得大門裏噹噹的响了幾下，一陣脚步聲音，到了大門後面。呀的一聲，大門開了，對面站着一個年約五十的男子。他對我吱吱唔唔的講了一陣；我只搖着頭，一句也囘答不出來。只見他把門一關；我的鼻頭正貼在門上。假使我的頭稍微靠近一點，那時難免不碰出血來。我當時一想：為甚麼不把這地址單兒給他看一看？再試一回吧！我又把那銅環向上面拉了一把；大門又開了；還是那個男子，見着我，登時怒容滿面；我連忙把地址單兒遞給他；他看了一看，回頭叫了一聲「麗西」。只見一個女子走了出來；我仔細一看，就是她！這時候我「如獲異寶」，不禁手舞脚蹈起來。她見着我，也不開口和我講甚麼，知道講了也沒有益處。她把我帶到一間房子裏，用手指着床，沙發，桌子，壁上的畫，地板上的地毯。我明白她的意思是問我合意不合意；我不住的點頭。我又把她拉了出來，坐上還在門外候着的那輛汽車。我向汽車夫叫了一聲「烤的火腿」。他也懂得。于是又到了旅館裏。我讓汽車又停在門外候着，拉着麗西走上樓來。我的鄉親那時已出外去了。我對麗西用手指着我的行李，又把我口袋裏所有的馬克票一起交給她；她替我把房錢付清，又叫侍者把行李送到汽車上。轉眼又到了她的家裏。這麼我們便由那靜默的愛成就了到如今還拆不散的伴侶。不料我的鄉親到了比國之後，天天寫信給麗西，說比國如何有趣，教她前去頑耍。我當時滿懷醋意，拚命的巴結麗西，替她買這樣，買那樣。她家裏的那個男子，就是她的父親，有天向我借錢；我滿口答應了他，當着麗西的面，給了他一百塊美金，無非借此收買她的心罷了。結果還是敵不過我的鄉親；他寄了些路費給麗西；麗西便不辭而別。我一時怒氣塡胸，無處發洩，寫了封信痛罵他一番，把他惱了，留着麗西在比國住了個多月久。她走了不到幾日，她的父親……』我聽到這裏，止住他道：『下文我剛才都聽得栢林城隍說過了。只是上段和他所說的有些不同』張靜笑了一笑，說：『這些事只好天知地知，你知我知罷了。誰肯講給他聽』！我點了點頭。他又把飯賬會過；一同走出門來，彼此脫帽而別。

我又一連在家裏坐了五天，不曾出門。每天三頓飯都在房東家裏吃。這天上午八點多鐘光景，吳師用來了，見着我就嘆氣。我問他事情怎樣。他說：『偷雞不着，賠了把米』。我說：『安知非福』！他搖了搖頭，半晌無言，後來他紅着臉向我道：『請你替我設個法子。若能帮我一點路費更好。我非離開此地不可。在法國還可以找一點工作，維持我個人的生活。此地是絕對想不出法子來的。而且我該了不少的債。現在債主又因我的事業失敗，有些放心不下，迫着我還錢』。我說：『我也很贊成你回法國去。路費我替你出』。我又問他是不是該了房東的錢；他點了點頭。我又接着道：『你也不必回寓所去了，馬上到中國使館去辦護照，再送到法國使館去簽字，還要到警察廳去一趟，讓他們把護照驗過之後，打上一顆放行的圖章。我便替你去買車票，還稍微帮助你一點旅費。只是你的東西呢』？他說：『都押盡了，穿的就在身上』。我又囑咐他道：『你把護照辦妥之後，到我這裏來吃午飯』。我又隨手拿了點錢給他。他走後直到下午三點鐘才回來。他見着我，很有些不安的神氣。大家坐下來吃飯的時候，他才向我道：『護照是已經辦好了。只是把你的姓名住址寫在警察廳了』。我問甚麼緣故。他說：『警察廳的人問我要出境報告表，這個是要房東簽字的。我只好說在你手裏，明天一準送來。他便叫我把你的姓名住址留下。事後一想，實在對你不起！我想你也是沒有法子找我的房東去簽字的』。我連說不妨。我們把飯吃完之後，我央他把綁趙公明的事細細的說一遍。他一連嘆氣了幾聲，說：『果於謀事在人，成事在天。我自從那天和你分手之後，回到家裏，把這事情說給李托斯聽，他連忙把闊耳找來。我又去找了張仁一趟，想不到他早已離開德國回巴黎去了。他在柏林的時候，有個表兄姓周名監；由他接濟用費；不料周監後來不辭而別……』我聽他說得枯燥無味，忙向他道：『你揀着緊要的說吧』！只見他用手在自己的頭上拍了幾下，接着講道：『我們當晚就開了個會，出席的五個人，就是李托斯兄妹，闊耳兄妹和我。我先把趙公明的身家和像貌說了一回。又把你定的那個計劃大綱提了一提，還說了些鼓勵他們的話。後來才議定了一個具體辦法，並把工作分配得清清楚楚。第一，由我每天去打聽趙公明在那個菜館裏吃晚飯；打聽好了，趕快囘來報告。第二，李托斯在家裏騰出一間房子來，偷着把窗子塞住，再糊上一層紙；這事要做得十分秘密，無論如何不能讓外人知道。第三，闊耳每天下午七點鐘光景，要駕着汽車囘家一趟，聽候使喚。第四，李托斯的妹子梅娣，第二日一早要搭車到漢堡去，找她的叔父要一點催眠藥粉；事情辦妥了，片刻不得停留，搭車囘來。第五，闊耳的妹子，在二十四小時之內，要買好一頂衛生小帽和一副假鬚，藏在身邊，等候使用。議好之後，大家伸出三個指頭來，由我輕輕的叫了一聲：「我們的事業成功萬歲」！然後由我拿出那五塊美金來，把用途分配得好好的。本來我們打算由梅娣出面把趙公明哄上汽車，因爲她長得十分美麗，不怕趙公明看了不神魂顛倒。汽車室停在菜館門外，由闊耳駕着，趙公明若上了車，立刻開動，先擇着繁華的街上走，等到梅娣倒在趙公明的身上，趙公明伸手把四面的窗簾都蓋好之後，再把他開到北城去，到了滑稽歌舞院門前，梅娣要設法把催眠藥粉吹進趙公明的鼻孔裏，汽車稍微停一停，讓閣耳的妹子上車，再把趙公明的帽子換過，並且給他裝上假鬚。李托斯那時候要站在大門外等候，假如看見街上有偵探或者警察走過的時候，便搖搖手，閣耳見他搖手，千萬不可停車，再兜一個圈子。最好能等到街上沒人行走的時候才停車，由梅娣和閣耳的妹子扶住趙公明，好像扶着一個酒醉漢一樣，走進大門去。汽車立刻開走，開到時常有警察來往的街上再停住。至于跟趙公明說價或強迫他辦錢這一層完全由我負責』。這時候我插嘴道：『這計劃很好』！他又接着說道：『到了前天下午，一切都準備好了。我打聽得那天晚上，趙公明一定到中國飯館去吃飯的。雖不免有兩個隨員和中國使館的人陪着，但毫無妨礙。梅娣早就打扮得和一朵鮮花一樣。六點多鐘光景，她已經到了中國飯館。不久，我也到了那裏。我們兩人見了面，都裝做不認識的樣子，各坐一方。闊耳的汽車就停在那飯館旁邊的一條街上，只等我出來做手勢，便開到飯館的門口來。大約七點五十分左右，趙公明果然帶着兩個隨員大搖大擺的走進飯館來了。而且恰好在梅娣旁邊的一張桌子前邊坐下。接着又來了一個中國使館的人。四個人坐在一處。那時飯館裏還到了不少的中國學生，都是來吃晚飯的。他們有的認識趙公明，都指着他議論紛紛。我看梅娣的手段眞不錯。她先裝做很規矩的樣子。讓趙公明看了乾着急。到後來抬起頭對他笑了一笑。這時候，只見趙公明張開那張大嘴，露出滿口黃牙；眉毛，眼睛，鼻子擠在一處；不住的掏出手帕來，揩揩頭，抹抹嘴；他又怕人家見了笑話，裝做籤牙齒，用手遮着臉，兩隻眼睛對着梅娣張一下，合一下。梅娣又向他點了點頭；他也把頭微微的動了一動。他的兩個隨員，當然拚命的巴結他，勸他嘗一嘗異味；他聽了抬起頭來，哈哈大笑，又忽然把嘴閉住，看着梅娣，梅娣又對他微笑了一下。中國使館的人看了，連忙向兩個隨員使了個眼色，先站起身來，說：「對不起！有事不能久陪」。兩個隨員接着也站起來，只說：「先走一步」。趙公明連聲說「請」。事情已有八分光了！不料旁邊來了一個中國學生，話也不說，舉起手來，照着趙公明的臉上就是一掌。趙公明氣得半晌說不出話來。這時候又來了一個中國學生，伸手又在趙公明的臉上打了一掌，叫了一聲「賣國賊」。同時飯館裏面的桌子椅子都拍得一片响，大家叫「打賣國賊」。有許多學生假裝做上前排解的樣子，把兩個隨員死死的揪住。趙公明站起來，兩手按在桌子上，聲音也啞了，半天才逼出幾個字來：「有話好好講」！忽然半夜裏殺出個李逵，操着湖南口音；「打死這狗婆的」！一邊罵，一邊走，走到趙公明的面前，只一脚，把他踢過一張桌子，跌了下去，哼也不哼一哼。大家都說：「這一下送了終」。公使館的人當時溜了出去，叫來幾個警察。梅娣見着大勢已去，幾步走出大門來，找着關耳，坐上他的汽車，回家去了。警察剛走進大門，趙公明已悠悠的轉了過來，「哎喲」一聲。這些學生聽了，又一齊喚打；警察一看情形不對，連忙把頭一縮，退了出去。這時候公使館的人被這些學生圍住，說他不該叫外國警察來欺侮中國人，一個個的磨拳擦掌，非同他拚命不可。兩個隨員趁這機會，拖着趙公明在人縫裏鑽出大門去了。公使館的人不知說了多少好話；大家才饒他一頓打，只叫他當衆立下了一張字據：趙公明不在十二小時之內離開德國，惟他是問。我看到這裏，不免嘆氣一聲。回家之後，大家都你看着我，我看着你，一言不發。到後來我才開口安慰了他們幾句。昨天下午我又出門打聽趙公明的下落，不料他已搭着早班火車到別的地方去了。我走回家去，不敢把這消息告訴他們。今天他們又迫着我出來探聽一下。趙公明是千眞萬確的不在德國了……」他剛說到這裏，我聽得壁上的鐘噹噹的响了四下。我說：『我陪你上火車站去吧。時候不早了。』

我把他送上火車之後，走出車站來，在一家紙店裏買了四張出境報告表，回到家裏把吳師用的姓名年齡籍貫都一一的塡上，帶在身旁，走出門來，又到了李托斯家裏。那時他有事出外去了，我只好等他一等。梅娣和她的臨時嫂嫂見着我，都高興的了不得，忙讓我在吳師用的房裏坐。梅娣拿着我的手放在她的臉上；她的臨時嫂嫂把我一把推到一張沙發上坐下，她就坐在我的旁邊，把一隻手緊緊的抱住我的腰；梅娣見了，有些不樂，一把坐在我的腿上，用手勾住我的頸；她的臨時嫂嫂便搶着在我的嘴上吻了一下；梅娣忽然一把跳起來，把衣服脫得乾乾淨淨，露出一身雪白的肉來，在我的面前跳來跳去，後來漸漸的跳到我的身邊，離隔我不到一尺；我正想起身避她一避，不料被她的臨時嫂嫂一把拉住，不讓我動彈一下。正在不得開交的時候，忽聽得一陣門鈴聲响。梅娣連忙拿着她的衣服轉到後面去了。她的臨時嫂嫂走去把門打開，原來是李托斯喝得醉薰薰的走回家來。他伸手把臨時嫂嫂抱住，在臉上胡亂吻了一陣。臨時嫂嫂把他扶進房來。我見着他，便說：『吳師用的事情已經發覺了』。他聽了，登時把酒嚇醒了一半，忙問我怎麼的。我說：『吳師用今天出外打聽消息，發現有個偵探跟着他走，他馬上找我設法子；我教他暫且離開稻林，並把他送上火車。你現在趕快把召租的牌子掛出去。我替吳師用填了幾張出境報告表，上面寫着前天的日子；你趕快簽上你的名字。若使警察來問你的時候，你只說他三天前已搬走了』。那時候梅娣已穿好衣服走了出來；李托斯立刻叫她把召租的牌子掛出。我便從口袋裏把出境報告表拿出來，讓他一一的簽好了字，我隨即告辭出來。梅娣送我到大門外，問我道：『我可以到你的家裏來看看嗎』？我說：『歡迎得很！只可惜……』她問可惜甚麼。我輕輕在她的耳旁說道：『我有不名譽的病』。她聽了，幾步退進大門，把門一關。我便搭着電車回到家裏，算是出了一身大汗。第二天上午我便把這幾張出境報告表送到警察廳；裏面的人接了，沒有說甚麼。我退出大門來，正想回家去，不想遇見了我的朋友，帶着他的安娜，在我的面前走過，我叫了他們一聲；他們便邀我一塊走。我問他們到那裏去。我的朋友說：上火車站，打算搭車到破祠堂游玩游玩。這破祠堂是栢林郊外一個名勝之地，我正沒有去過，而且到栢林來游歷的人，幾乎沒一個不要到這地方去賞玩一下的：所以我很高興隨着他們走。

我們走上火車之後，在車裏又遇見了一個中國人。他認識我的朋友。我和他彼此問過姓名之後，我的朋友又指着安娜給他介紹了一回。這人姓晏，到栢林已有了不少的時候，家裏很有幾個錢。那時我的朋友問他進了甚麼學校。他說：『講起來眞笑死人！五個星期之前，我家裏寄來了一千二百塊錢。我想，與其把牠存在銀行裏，何不拿他當本錢來做點甚麼買賣，我看栢林的許多影戲院，天天滿座，成本又無須多少。一想，這事情好做！我便在路德街口頂了一個影戲院，把門裏門外糊裱一新，一共用了七百多塊。開張的那天，還不到開映的時候，門票都已賣完，我看了十分歡喜。開映不久，影戲機房裏的那個司機，把我叫去。他一面旋着機器，一面對我說：「你這裏的買賣眞不錯啊！我的薪水應該加多一點」。我說：「我們不是已經訂了合同嗎」？他說：「訂合同的時候，我沒有料到有這樣好的買賣呢」！我說：「這完全是廢話」！——「廢話嗎」？他說畢把機關一停，幕布上現着一塊白的影子。我說：「這是不對的。趕快接着搖動起來吧」！他說：「你爲甚麼不提薪水的事」？我說：「我偏不提」！他說：「我就不搖」。我氣不過，關照賣票的退票，又叫看座的姑娘通知看客並向他們道歉。第二日一早我便另外找了一個司機的。這一次我不僅和他訂立合同，而且叫他找了一個鋪保。到了開映的時候，依舊人山人海。不料開映不到十分鐘，忽然機聲一停。大家以爲機器出了毛病，靜候了半响，滿院還是漆黑的。看客們都漸漸的哄鬧起來了。那時我正在賣票處，聽得又出了亂子，連忙走到機房一看，只見機器翻在一旁，新來的這司機的坐在地上。我伸手把他扶了起來。他說：「這事情還做得！我走」。我問他甚麼緣故。他說：「剛才我把機器開得好好的，不料有個人走到我的後面，一把將我的手腕拉住。「你在這裏幹什麼？這機器只能歸我開」。他一面說，一面在口袋裏掏出一張合同來。我說：「我不也有合同嗎」？他也不和我講理，一掌把我打倒，電影機也給他推翻了」。這時候場內的看客們鬧得越發利害起來了。我連忙走出來喚「退票」。有的果然走到買賣處，把錢仍舊拿囘去；有許多看客，錢也不要，一邊走，一邊罵。次日，我便找着先一個司機的，給了他半個月的薪水，把合同銷毀。又找着這個新來的，向他說了些好話。都算沒有問題了，不料到第一場開映的時候，一個看客也沒有；又等了刻多鐘，才賣出四張門票。沒有法子！那怕只四個人，也得映給他們看。第二場更糟，等了點把鐘，場內就只有三個人，一個是我，兩個是看座的姑娘。還有甚麼辦法？除開關門之外！過了兩天我就把那影戲院頂了出去，收囘了兩成腳本。我惱了！誓報此讎。我便找了一個管理影戲機的老手，拜他爲師，打算自己把這門本業學會之後，再來試一試。我學了已經不少的時候了。天天練習，一步不出大門，不料得着一個胃病，醫生教我每天到郊外運動一下』。這時候火車已經到了格羅尼林場；他急急忙忙向我們講了一聲「再會」，下車去了。不久火車又已開動，我的朋友便把剛才姓晏的所說的話譯給安娜聽，大家笑了一回。不一會，火車到破祠堂停住。我們下車之後，走出車站來，又搭了兩站電車，到隔桑鎖西不遠的地方跳下來，我的朋友挽住安娜的左手，我挽住安娜的右手，三個人併在一排，慢慢的向桑鎖西皇宮走去。當我們穿過一個樹林的時候，遠遠的看見一個中國人，低着頭，把一條手帕按在眼睛上，好像啼哭過後拭眼淚一般。等到我們走近他的身旁一看，原來就是栢林士地。只見他面無血色，消瘦不堪，眼睛是紅紅的。他瞥見我們，連忙向我們脫了脫帽，也沒有說甚麼，一經走出樹林去了。我當時覺得十分奇怪，便問我的朋友：『為甚麼栢林土地變成了這個模樣』？他說：『不曉得。將來有功夫，不妨到周國英那裏去探聽一下。他們兩人的交情很好，有甚麼事情，彼此都不會隱瞞的。我昨天却到了周國英家裏，我帶着安娜一同去的。周國英沒有提過栢林城隍，只把黃中將的事說了一回』。我連忙問道：『黃中將是誰』？我的朋友道：『黃中將是北京參謀部派來攷察甚麼的，雖是武職，然而手不能提，肩不能挑，長得白胖胖的，不大像個武人，只是性子很強。他到栢林已有五個多月，住在選侯街五百二十號三層樓上。還有一個退職軍官，名叫雷醒，歐戰時他也曾帶過百把人，上過火線。停戰後，和一個鐵廠工程師的妹子結了婚。這女子名叫荷搭，長得十分好看，而且打得一手頂好的鋼琴。夫妻兩人同住在黃中將的樓下，彼此也算十分和睦。只是美中不足，就因為雷醒在外多年，不免傳染了一個不名譽的病，後來雖經名醫治好，然身體衰弱異常。黃中將最初並不認識他們。直到三個月前，他的房東五十壽辰的那天，雷醒夫婦上門來拜壽，黃中將才認識他們，並看着荷塔打了一回鋼琴，實在動人，因此不免有點愛慕她的表示，她也未嘗不有意思，雷醒當時並未覺得。黃中將起先一步不出大門，每天坐在家裏溫習德語，自從看中荷塔之後，無事也要下樓幾趟，爲的是想順便看她一眼。她聽得黃中將的脚步聲音，有時也開門出來，彼此見一面，輕輕的談幾句，或者對笑一回。雷醒對於她時常放心不下，每次出門，必定帶她同走。就是她上樓到黃中將的房東家裏借點甚麽東西，不怕是一去就回，他也時常跟在後面。因此把黃中將急得頭上添了不少的白髮。他認識荷塔不到一個月，心中何止想念過她千回。這天雷醒家裏，來了幾個退職軍官，邀他一同出去開會。這回可不能把荷塔帶去。因爲這次會議是討論復辟問題，不能讓外人參與。雷醒下樓之後，荷塔急忙在梳妝台前，把頭髮理了一理，臉上薄薄的擦了一層粉，走下樓來，恰巧黃中將在家，房東却出外看親戚去了。黃中將把她讓到自己的房裏，拿出他從中國帶來的一幅繡屏給她看。上面繡着一隻紅紅綠綠的禽鳥，本來繡的是隻雞，只是又有幾分像鴨。旁邊還繡着一樹牡丹，紅花綠葉，顏色鮮明。荷塔看了稱賞不已。黃中將便說把這幅繡屏送她。她聽了滿心歡喜，臉也紅了，她低下頭來，問黃中將，這繡的是些甚麼東西；黃中將告訴她，這是中國特有的植物和一隻中國雞，他又細細的指點她看說，這是脚，這是眼睛，於是荷塔的頭漸漸的到了黃中將懷裏。兩個鐘頭之後，房東回來了；荷塔急忙走到穿衣鏡前，想把頭髮理一理，急切找不見一把梳子；不料房東已走了進來，後面還跟着她的丈夫。黃中將這時候已走了出來，拿着帽子，說要出門找朋友去。雷醒一看荷塔蓬頭散髮，面上紅紅的：心中怒氣上沖。他便跟着黃中將下樓，搶在他的面前，把手一攔，擋住去路，眼睛裏放出火焰來。黃中將一看來勢凶猛，不免吃了一驚，又上不能上，下不能下，便道：「你要怎樣」？雷醒道：「我們决鬥」！黃中將道：「很好」！

雷醒才讓他走下樓來。臨出門的時候，雷醒還追着叫道：「就是明天下午。你去找個證人」。黃中將咬着牙齒說了一聲「好」。他走出門來，到了齊幹生家裏，把這囘事情告訴他。齊幹生聽了，駡他荒唐，不該隨隨便便的答應了他。黃中將道：「我不答應他，豈不要吃他的眼前虧」！齊幹生道：「你答應了他，明天就不能不去；不然，你也不必再住在德國了」。黃中將道：「我剛才已經買了把手槍，打算就到郊外去練習一下。我還要請個證人。我來找你，就是請你明天同去一趟。」齊幹生道：「我沒有錢替你買棺材。我不去！你想，那狗婆的，上過陣，打過仗，槍法一定刮刮叫。你不要說練習一天，就是練習一個月，恐怕你放出來的槍彈，也只能碰在旁邊做證人的身上。我不幹」！黃中將道：「這口氣不出，醜了四萬萬人。我就請你去跟他說一說緩一個月舉行。不知你敢去不敢去」。齊幹生本來是一個爭氣的漢子。黃中將摸着他的毛病，把他一激，他果然滿口答應了。他當晚到了雷醒家裏，費了許多的唇舌，才說妥決鬥的事，改在下個月舉行。黃中將便從這天起，時時刻刻練習開手槍，打靶。一個月之後，十粒彈子之中，有時可以碰中一粒兩粒，算是比開始練習時進步多了。這一個月之中，他也遇見荷塔幾次，彼此却沒有談過一句半句話。荷塔每每對他愁眉不展，黃中將見了，對自己說：「她在勉勵我呵」！因此到了夜裏臨上床的時候，也拿着空槍做幾回射擊的姿勢。這天齊幹生接到雷醒的一封信，說：「我們的事已決定了明天下午舉行」。齊幹生連忙帶着這封信來找黃中將。不料他又已出外打靶去了。等晚上他才回來。齊幹生見着面，劈頭一句就問他有了把握沒有。齊幹生搖了搖頭道：「我為荷塔而死，也很甘心。槍法自然比不上雷醒，只是也有幾成功夫了」。他一面說，一面從口袋裏掏出那把手槍來。齊幹生看了，忍不住哈哈大笑，說：「決鬥用的手槍是這個樣子嗎？你真荒唐」！黃中將忙問道：「不用這樣的手槍，用甚麼？」——「比這個長多了，而且子彈的力量大得多，碰中了就倒下去，並只能裝上一顆子彈 假如用這個，第一顆子彈沒碰中，就可以再來一下；卽使被人家打中了，還可以向人家兩槍，這還成話嗎」？我明天上午帶你到武器店裏去見識見識吧」。第二天上午，黃中將隨着齊幹生走進霞落登堡車站對面的一家武器店裏，把決鬥用的手槍買了一把，還買了幾十個子彈，藏在身邊。兩人又 同搭着火車到郊外的一個樹林裏。齊幹生道：「現在你試一試。先讓我量一個遠近」。黃中將問道：「還有一定遠近嗎」？——「怎麼沒有！決鬥的人先要站在一塊，背靠着背，然後由雙方的證人同時發出號令，兩人便一齊向前開步走，走到第十步，再一向後轉，開槍。兩人向前走的時候，誰也不能回過頭來！不走到第十步，誰也不能向後轉」！齊幹生一邊講，一邊在口袋裏拿出一份報來，把他一張張的釘在一株大樹上，個把人高，又從樹邊走起，走了十步，用脚尖在草地上踢了幾下，留個記號，再把黃中將推到記號上邊站住，把背對着那株樹，他自己又連忙退開十幾步，叫了一聲「走」，口裏還數着「一，二，三，四，……」黃中將這時便一步一步的向前走去，走到第十步，只見他回轉身，把手一抬，拍的一槍。齊幹生站在一旁，連忙把頭一縮，「呵呀」一聲，又叫道：「你怎麽對着我打！槍彈走我的頭上飛過去」。——「我那裏對着你打！我對着那報紙打哩」。黃中將一面說，一面走到那大樹前邊，仔細看了一回，張張報紙都是好好的。他搖搖了頭，說：「再試一回吧」。這回齊幹生一邊叫口令，一邊倒在草地上伏着，怕黃中將誤打了他。黃中將走到十步之時，反轉身來，手一抬，一點聲音也沒有。原來槍裏只一顆子彈，又已經放過了，不比旁的手槍，開了一下，又可以再開一下。黃中將只好走回來，重新換上一顆子彈，又一步一步的向前去。前前後後試過三十多槍。快到吃午飯的時候了，那幾張報紙上仍舊一個洞沒有。齊幹生道：「罷了！罷了！我勸你到奧國去吧，今日下午就動身」。黃中將看自己的本事這樣不行也不免慌張起來，說：「我假如搬東西下樓的時候，給雷醒看見了；他能放我走嗎？而且教我如何捨得荷塔」！齊幹生這時候把頭一抬，說：「狗婆的！你不走？你自己的事！我回去了」。黃中將聽了，把手裏的槍，對他一比，說：「你不好好的替我出個主意，還罵我嗎」？齊幹生看了，連忙往草地上一滚，說：「這使不得！槍彈是沒有眼睛的」。其實是一把空槍。等到黃中將把手裏的槍插進口袋之後，齊幹生才慢慢的爬起來，說：「東西，我替你去拿。你不要發猛」！這天下午，齊幹生寫了封信給黃中將的房東，央他的一個德國朋友送去，並送了那房東一捲鈔票，央他把黃中將的衣服書籍都交給來人。他自己又找了一個新寓所，當晚就搬家。黃中將的東西都沒有遺失，存在那個德國朋友家裏。黃中將本人就搭着三點鐘的火車離開了「栢林」。我的朋友正講到這裏的時候，忽見前邊站着一個年輕的女子，阻住我們的去路，她面上露出驚慌的神氣，向我們道：「對不起 我若想得不錯，你們兩位是中國人的時候，我便請你們告訴我：你們認識一個有鬍子的文先生麼！你們剛才可遇見他麼』？我的朋友答道：『不錯。我們剛才見着他走出樹林去了。我想，此刻他差不多到了火車站。小姐，你找他做甚麼』？這女子答道：『他是我的未婚夫。今天是我的一個女伴的生日。我的女伴也是他的好朋友。她死了，葬在離這裏不遠的地方。我今早在街上遇見了我的未婚夫，看他神色不對，便問他到那裏去。他說去看周國英先生。我後來到了周先生家裏。周先生說，他到破祠堂去了。我怕他傷心太過，便趕來找他。不料走到我的女伴墳前，只見墳上堆着許多的鮮花，却不見我未婚夫的影子』。我的朋友道：『小姐，你能走快一點，也許可以在車站裏遇見他』。這女子聽了，連忙告辭，忽忽走去了。我問我的朋友道：『栢林士地甚麼時候有了個未婚妻？這眞是怪事』！我的朋友道：『這裏邊一定還有許多的蹊蹺。過兩天我們同去找一找周國英，向他打聽一下』。這時候我們已經到了桑鎮西皇宮，在裏邊游玩了一囘，又走了幾處名勝地方，才一同搭着火車囘栢林來。

四

我從破祠堂囘來，走到家裏，已經下午五點鐘了。我又到了栢林城隍家裏。栢林城隍正在和齊幹生商量一件訟事。原來齊幹生有個至好的外國朋友，名叫駱克頓，也是一個大學生。他半年前向齊幹生借了五十塊美金，約好三個月內還淸。不料三個月後，齊幹生因爲手頭艱窘，向他討了幾次；他起先還約個限期，到後來簡直避着不見面。齊幹生只好找了個律師，寫信和他理論；他也沒有囘信。那個律師慫恿齊幹生到法庭裏去告他；齊幹生起先還不願意，不料又等了一個月，駱克頓還是一錢不給。齊幹生便告他一狀。開庭那天，駱克頓坐在家裏不出來，又沒有代表到庭。法官因他是個大學生，怕他有事不能走開，所以改遲一個星期再審。但是第二次開庭的時候，駱克頓仍舊不理他們。法官只好判決，叫他在一星期內把債務理淸。

不料期限已到，駱克頓始終置之不理。法官便派了一個法警，到他家裏去，搬他的東西。他那時正坐在家裏讀書。法警進房一看：櫃子裏幾件襯衣，幾雙襪子，幾條領子，都是些不值錢的東西；壁上掛着一件外套；桌子上幾十本書；身邊還有一個錶，一幅眼鏡，錢却一個沒有。法警只好空手回去。齊幹生問他爲甚麼不把他的外套拿走。法警說：『這使不得！法律沒有允許我拿他的。因爲他只有一件。要是有兩件的時候，我便可以挑着一件好的帶走』。——『那麼，你爲甚麼不拿他的書』？——『這也使不得！他是一個大學生。假如把他的書搬走；他可以到法庭告我，說荒廢了他的學業，損失不止五十塊美金。而且這官司誰也打不過他！』——『那麼，錶和眼鏡，你總該拿走吧』！法警連忙搖頭答道：『這個更使不得！拿走了他的錶，他過兩天便可以到法庭告狀，說他不曉得遲早，大學裏的重要功課，他沒趕上，損失很大。眼鏡更不能拿了，拿了；他說沒有眼鏡戴，看不見黑板上的字，寫不成筆記，大學白進了。這只由他講，沒人敢駁他的』。講得齊幹生滿肚皮的氣，罵法警袒庇犯人。他又親自去找法官，說法警混帳。法官道：『這个本來沒有辦法！書，錶，這些東西是不好拿走的。你實在是恨他的時候，那麼讓他坐幾天牢，你願意不願意？』齊幹生答道：『他犯了法，要不要坐牢，這是你的事！問我做什麼』！法官道：『然而不然！本來欠賬還賬。但是實在沒錢還賬之時，我這個做法官的又有甚麼辦法！不能把他捉來做貨物賣掉。你願意讓他坐牢，我沒有不答應的。大學裏放了假，我便執行，把他捉來，關十天半月。不過他在牢裏要吃飯，這筆伙食費用該你出。還有堂費，律師費，他坐過牢，他還管嗎？但我們又不能不要；那麼，自然也由你清付。所以我先問你願意不願意』。齊幹生聽了，只好走來和栢林城隍商量。栢林城隍勸他不必如此一舉；而且把駱克頓關一關，于自己也沒有甚麼好處。我那時坐在一旁，也很贊成栢林城隍的主張。齊幹生被我們一說，只好善罷甘休。我們在稻林城隍家裏七七八八的又談了點把鐘久，齊幹生才邀我一同出來，到中國飯館吃晚飯。

我們坐在中國飯館裏，把晚飯吃完之後，我問齊幹生，那個尹敦朝該他的錢是不是已經還清了。他說他早已還清了。他又邀我同去會一會尹敦朝；我正想看這金剛一面，見識見識。我便跟着他走。大約十點鐘光景，我們到了尹敦朝家裏，把門叫開，一看；滿屋子的男男女女，何止二三十人。叫夜和尚、士和尚，醋溜和尚都在，還有五通神，正抱着一個女人接吻。他們見我和齊幹生到了，都說，歡迎得很！尹敦朝立刻給我們每人介紹了一个女人，都長得十分好看。不到幾分鐘，一个下女走來，向尹敦朝說道：『酒已經備好了』。尹敦朝便把我們都讓進飯廳裏。飯廳裏陳設得眞美麗呀！中間一張長案；案上酒杯，刀，叉，碟子，鮮花，都排得齊齊整整的；案旁二十八把烏木靠椅；靠着墻還有留聲機，沙發，小茶棹；地上鋪着寸把厚的地毯；牆裏邊的蒸汽管，把屋子裏溫得和六月天氣一般。尹敦朝報着衆人的名子；大家按名入座，一共是七个男的，二十一个女的。每隔三个女的坐一个男的。兩个下女輪流搬進七个木架來，每个男的後面放一个，又搬進七个鉛桶，每個桶裏有四瓶香檳酒。男的要替女的倒酒。不久，下女又搬進許多吃的東西，每人面前都有一份。尹敦朝先把叉子在酒杯上敲了一下，然後站起來；大家都靜聽他演說，只見他說道：「可愛的小姐們，先生們，今天是上帝允許我們儘量快活的一天！我們要拚命的喝酒，喝得栢林的酒價平地增高十倍。我們要儘量的鬧，鬧得栢林的警察挨門逼戶的報告，說是天崩了，地塌了。我們要儘量的快活，快活得我們都願意鑽進棺材裏去。唯！大家端起杯子來！誰先喝完了十杯，誰先開口說話」。這時候只聽得酒杯的响聲。大家喝過十杯之後，都嫌屋子裏太暖。尹敦朝又站起來說道：「窗戶是不能打開的，恐怕我們鬧得太厲害了，人家聽見要干涉。我們最好大家把衣服脫得乾乾淨淨的』。我當時以爲有人要反對他這辦法，不料大家都一齊離開坐位一個個的脫衣解褲，沙發上都堆滿了。我算是最後一個脫光的，却留着一條襯褲。尹敦朝一定強迫我脫下，我不肯脫；立刻有幾个女的走到我的身邊，有的抱住我的腰，有的拉住我的手；我把眼睛在她們身上看了一下，遍身都軟了，只好讓她們給我脫下。大家仍舊坐下來，又喝酒。不一會，尹敦朝開着留聲機，叫大家跳舞起來。先由女賓中七個有名的舞女舞了一回，眞是醜態百出。當她們跳舞的時候，這十四個女的都站起來，走到男的面前，搶着坐在男的腿上。後來又有甚麼「羅漢舞」，尹敦朝做菩薩，站在中，十八個女的圍着他舞。二十八瓶酒喝完之後，又添了二十八瓶，大家都已醉得昏天黑地了。桌子上面也是人，桌子底下也是人。叫的叫，鬧的鬧。直到三點鐘光景，大家都覺得困倦了，才搶着穿衣服，有的拿着褲子做衣穿，有的尋不見這樣，尋不見那樣，大家又扭在一團。直到四點鐘過後，我的酒慢慢的醒了，才拖着齊幹生走出大門來，每人雇了一輛汽車，回到家裏。我睡到第二天正午才醒來，一想昨夜的事，好像做夢一般。

這天下午，我的朋友捨得離開了他的安娜，到我的寓所來，邀我同去找周國英。我也正想去看看他，便隨着我的朋友來到周國英家裏，不料他已到漢堡去了。我們只好退了出來，在街上玩了一回。那天正是德國人民選舉國會議員的時候，三十八個政黨都拚命的競爭。宣言，傳單，遍地都是。國家黨，民黨，中央黨，社會民主黨，民主黨，國家社會黨，共產黨，各人拿着各人的旗幟，游街，喚口號。條條街上，戶戶窗前，都懸掛黨旗國旗。國家黨和民黨都是右派，所有他們的黨員，和他們表同情的人，都掛着黑白紅三色的老國旗。中央黨，社會民主黨，民主黨，都掛着黑紅黃三色的新國旗。國家社會黨和共產黨都掛着紅旗。有的人家，老子在他的窗子外面掛着一面老國旗，兒子在他的窗子外面掛着一面紅旗。鬧得頂兇的就是共產黨，幾百輛大汽車，上面貼着圖畫標語，車上都站着一些窮光蛋，每人手腕上纏着一條紅布，有的吹着笛子，有的唱着國際歌，到一條街上，喚一次口號，無非是「打倒軍閥的走狗某某黨」！「打倒帝國主義的走狗某某黨」！國家黨和民黨的游行隊要算頂整齊。中央黨沒有人游街，傳單也很少；因爲他們都是些天主教徒；教會裏叫他們怎樣，他們就怎樣。其餘的小政黨，都沒有甚麼花樣。我們兩人跟在一大隊的民黨游行隊後面，不料來到康德街口，遇見了一大隊共產黨游行隊，兩面的人登時對罵起來，這邊罵那邊是狗，那邊罵這邊是狗，兩不相讓，兩大隊漸漸的接觸起來，一聲喚「打」！我和我的朋友，連忙走到一家成衣店窗子底下站住，回過頭來看他們打架。不料兩邊的人都有手槍，「劈劈拍拍」，槍彈滿天亂飛。我們那時走也不是，不走也不是，末了兩人只好蹲下來，躲避槍彈。警察來了，一共五汽車，七八十個，他們拚着命才把兩邊的人分開，讓民黨的隊伍先走過去，然後再讓共產黨走。兩邊都有些受傷的人，一個個的自己坐上汽車，到醫院裏去診治。街旁看熱鬧的人也漸漸的散了。這幾十個警察才坐上他們的汽車，回警察廳去了。我的朋友便拉着我，說到他家裏去談一談。我不好推辭，只得隨他走去。到家之後，安娜讓我們坐在飯廳裏，大家吃了些點心，又喝了兩杯咖啡。我才把尹敦朝請酒的事告訴他們。安娜聽了，笑得縮做一團，伏在我朋友的腿上。我的朋友道：『這算甚麼稀奇！他們有時還比這個鬧得厲害些。有人告訴我，醋溜和尚在漢堡替一個女朋友做生日，一晚功夫用掉兩千多塊美金。漢堡全市都被他哄動了』。我問他詳細情形。他說：『還不大明白。我想，周國英在漢堡，詳細情形，他一定知道。我們明天再去找他一下，也許明天可以到家』。我說：『很好』！於是我們約定了明天下午四點鐘在周國英家裏見面。第二天下午，我走到周國英家裏，不料我的朋友早已到了，周國英也從漢堡回來了。兩人正坐在一處談天。周國英讓我在一旁坐下，接着說醋溜和尚的事。他說：『羅先生才來。我說的頭一段，他沒有聽見。現在我再從頭說起。五天之前，醋溜和尚帶着一個女人在漢堡游玩，同住在一家大旅館裏。這女人名叫琳克，是一個西班牙的舞女，今年才二十歲。她以前在漢堡結識了一個美國商人，後來這商人回國去了，她便到了栢林。有天她邀着一個女伴在酒館裏跳舞，不料遇見了醋溜和尚。兩人坐的地方相隔不遠。醋溜和尚當時舉目四望，幾百個女人中間要算琳克頂美。當樂隊開始奏樂的時候，醋溜和尚連忙起身，想拉着琳克跳舞，不料坐在他後面的一個男子早已搶着上前，對琳克點了點頭；琳克登時站起來，陪着那人跳舞去了。醋溜和尚氣不過，仍舊坐下來，低着頭，把一根小紙管在酒杯裏攪了一陣。忽然聽得音樂越奏越响，他抬頭一看，只見這些跳舞的男女都一對一對的站在兩旁。中間只剩下一個中國人，抱着一個女的跳舞，前一步，後一步，繞一個大圈，比戲台上的藝術舞還好看。音樂停了，大家都鼓掌不停；音樂又奏起來，他們兩人接着跳舞下去。醋溜和尚細看此人，覺得面熟，半晌才想起他姓姬，到栢林已有兩年多，住在詩律塔街十號。他租着兩間房子，一大一小。小的房間內只有一張床，一個衣櫃；大的房間內只有三面穿衣鏡，一架留聲機，地毯也不要，這就是他練習跳舞的地方。他請了一個有名的跳舞師，教他跳舞，整整的練了兩年一天沒有間斷，全身的姿勢，幾乎無一處不美，連耳朵都練得能舞動起來。他和那女人跳過之後，同坐在一張桌子前邊。全場的女人都拿眼睛睃他。到了音樂再奏的時候，醋溜和尚連忙走到琳克面前。不料同時來了三個男子。琳克一想，剛才那中國人跳得這樣好，這中國人的本事一定也不差。她立刻把別人謝絕，單和醋溜和尚跳舞起來。醋溜和尚在跳舞的時候，約她第二天去聽戲，她答應了他；又請她同坐在一桌去；她說還有個女伴，不能讓她一個人坐在那裏。這一晚醋溜和尚直等到琳克要回家的時候，才隨着她走出大門來，又雇了一輛汽車，送她回去。她的女伴，另外有一個男子陪着，也是在跳舞的時候結識的。醋溜和尚把琳克送回家之後，又到了一個女朋友家裏，當晚就沒有回來。第二天晚上，他和琳克聽了一回戲，又在一個咖啡館裏坐了一會。十二點鐘光景，他又雇了一輛汽車。當上車的時候，他要求琳克到他的家裏去。琳克不肯，說：「我們的交情還太淺」。醋溜和尚只好又把她送回家去，不料到家之後，琳克忽然邀他進房休息一會。醋溜和尚滿心歡喜。他隨着琳克走進房門一看，房內並無別人，他便抱着琳克吻了一回。琳克抬頭看見桌上有一封信，連忙拿着打開一看，原來是那個美國商人寫給她的，說他已經回了漢堡，要琳克趕快到漢堡去。後天是琳克的生日，他打算替琳克熱鬧一回。琳克又把這封信給醋溜和尚看了一看。醋溜和尚道：『我陪你到漢堡去，我也替你做個生日』。琳克笑嘻嘻的答應了他，說明天上午就動身。醋溜和尚又賴着不肯回去，說：在家裏睡覺，恐怕明天早上起不來，趕不上火車。琳克好讓他同在一間房子裏住了一夜。第二天下午，他們兩人到了漢堡。醋溜和尙邀她同住在一家大旅館裏。晚飯過後，琳克要出去看一看那个美國商人；醋溜和尙囑咐她早些回來。不想她一去之後，醋溜和尙從晚上八點鐘等起一直等到第二天早上八點鐘，還不見她轉來，把醋溜和尙气個半死，不住的跺脚，深悔不該放她一個人出去。樓底下住的一個客人，只聽得天花板上「咚咚」的响，鬧了一整夜。他打電話給賬房，說要搬家。賬房裏派了一個招待員上樓來問醋溜和尙，爲甚麽時時有跺脚的聲音。醋溜和尙正沒好气，桌子上一巴掌，叫招待員滾出去。恰巧琳克走進房來，招待員便趁此機會退出門外。琳克見着醋溜和尙，笑嘻嘻的說道：「那個美國商人，今日下午一點鐘，在漢堡大酒店，請了二十多個客，替我做生日。你也同去坐一會，好不好」？醋溜和尙道：「好，我同去。晚下我請客，也替你做生日」。後來他果然隨着琳克，在漢堡大酒店坐了一會。他看那美國商人，雖然有錢，但是不豪爽。他便走進漢堡大酒店的經理室內，向一個管事的人說道：「今晚我在你們這裏請客，替琳克小姐做壽，你們先去準備幾千朵紅玫瑰花，每張桌子上插幾十朵。從八點鐘起，所有來吃飯的男女客人，無論是誰，無論吃的甚麼東西，只要他在桌子上拿一朵紅玫瑰送給琳克小姐，我便替他會賬。我先放下定錢美金一千塊。你們替我去辦」。這樣的闊人，管事的那有不巴結之理！只見他笑嘻嘻的滿口答應了，並立刻發號施令，準備這樣準備那樣。幾十家花店裏的玫瑰花都被他們買盡。那天到漢堡大酒店來吃晚飯的，何止一千人。那一個不貪便宜？當時琳克和醋溜和尚坐在一處；送花的人，絡繹不絕。直到十點過後，琳克的坐位旁邊，玫瑰花已堆得差不多和桌子一樣高，樂得她幾點鐘不曾合嘴，只嘻嘻哈哈的笑着，甚麼東西都吃不下去，並且在醋溜和尚的臉上嘴上，不知吻了多少次，直把和尚額吻腫了！末了醋溜和尚到經理室把賬一算，一共二千多塊美金。好在他有錢，並不覺得心痛。從此以後，琳克便把那美國商人丟到腦子後面去了。他們在漢堡住了兩三天，又一同囘到栢林。聽說醋溜和尙又替她租了一所房子，兩人同住在一塊。這就是早兩天的事』。我聽他說到這裏，想起尹敦朝請客的時候，有一個女人坐在醋溜和尙旁邊，體格非常優美，而且長得十分好看，恐怕就是這琳克吧。這時候我的朋友問周國英道：『栢林土地現在怎麼瘦到這個樣子，又忽然有了一個未婚妻，這非請你解釋一下不可』。周國英搖了搖頭道：『她的事，提起來，天昏地暗，鬼哭神嚎。我應該替他守秘密。請你們原諒』！我又追着問他一囘；他只是不肯說。我們覺得沒趣，只好告辭出來。我們出門之後，我向我的朋友道：『無論如何，我要把這事情探聽明白，囘頭來告訴你。不怕一年兩載，我若訪問不出來，我做和尙去』。我的朋友笑道：『你不要又做了一個「醋溜和尙」！好！我天天在家裏等候佳音就是』。

一個星期之後，我又到了我的朋友家裏；他問我把栢林土地的事探聽好了沒有。我說：『你不要忙。這事情果然稀奇；我費了七天的功夫才把他探聽清楚。你且聽我細細的講來。一天下午，栢林士地在路德街走過，看見街旁停電車的地方站着一個女子，年紀不過十七八，長得非常好看。他便走上前去，站在她的旁邊。這女子看了他一眼，仍舊回過頭去。不一會，電車來了。這女子走上電車，坐在門口。栢林士地也跟着上車，在她的對面坐下。這女子看見栢林士地不住的拿眼睛看她，有些害羞起來，低着頭，紅着臉。栢林士地一看滿車的人都注意這女子，因此不敢下手——開口和她說話。電車到動物園旁邊停住，這女子忽忽的走下車來；栢林士地忙跟在她的後面。這女子看見有人跟她，放開脚步，一氣走了半點多鐘，穿過動物園，到柏烈宇才敢回過頭來，不料栢林士地還跟在她的後面。兩人都走得滿頭是汗。栢林士地看她走得慢了，幾步趕上前去，挨在她的身旁，輕輕的說道：「小姐，你爲甚麼走得這樣快」？這女子裝做沒有聽見，仍舊放開脚步，向東走去。栢林士地一想：你這個小妖怪，我看你跑！你上天；我也上天。你下海；我拉你一隻脚。於是他又追在後面，並接着說道：「小姐，你若有緊要的事情，不能不放快些；那麼，我請你坐汽車，何如？我看你走得太苦了」。這女子仍舊不理他。兩人又走過了一條街，這女子忽然站住，回過頭來，向栢林士地說道：「先生，你饒恕我吧！我快到家了。我不能讓我的父母看見我陪着一個男子走。明天有功夫，我們再會吧」。栢林士地答道：「那麼，你一定要來！我在栢烈宇車站等候你。但我此刻還要跟你走幾步，看你住在甚麼地方。你怕人家見着生疑，我離開你遠一點就是」。

——「你要知道我住在甚麼地力？我告訴你吧。這條街的東首第二家便是。我叫格蘭。你不要跟我走了！」格蘭說畢，四面看了一看。栢林士地道：「好！明天下午五點鐘，在栢烈宇車站見面。你若不來，我便寫信來質問你」。格蘭連忙搖手道：「我一定來！你千萬不可寫信！讓我的繼母看見了，可不得了」。栢林士地這時候才放格蘭獨自走回家去，他自己又到嫦娥園頑耍了一回。第二天下午五點鐘光景，格蘭果然到了柏稻宇車站。兩人見面之後，也沒說甚麼，一同走上火車，到霞落登堡才下車。栢林士地又把她拉進一家咖啡館裏，同坐在一個僻靜一點的地方。她向栢林士地道：「今晚我的父親帶我的繼母出去聽戲；我說要去看我的表姊，他們才允許了；不然，只能陪着他們坐在家裏」。栢林士地道：「他們出去聽戲，十二點以前是不能到家的。我們跳舞去吧」。格蘭道：「很好！我今年已經十九歲了，還沒有進過一次跳舞場；因爲我的繼母待我很刻薄，不得到她的允許，不能出大門一步」。他們兩人一邊說，一邊走。走到離栢林士地的寓所不遠的地方，栢林士地忽然向格蘭道：「小姐！我們要到跳舞場去；我不能不換過一身衣服。我的家就在對面，你隨我進去吧」。格蘭道：「我在外面等候你。我不要進去」。栢林士地道：「站在外面？不好。我換衣服的時候，叫我的房東陪你就是！她是一個很和氣的婦人哩」。格蘭聽他如此說；才肯隨他走上樓去。其實栢林士地的房東早已出外旅行去了。栢林士地把她引到自己的房裏，又裝做去找房東，到廁所裏站了一會，囘來向格蘭道：「我的房東留下了一張紙條，上面寫着她到巨人山旅行去了，半個月內不得囘來」。格蘭聽了，起身要走。栢林士地一把將她抱住，道：「你怕甚麽！我不殺你，又不打你，我只愛你」。格蘭一面掙扎，一面答道：「說甚麽愛！我還不知道你叫甚麽名字，那一國的人，你放手吧！」栢林士地道：「放手不難，只是要好好的讓我吻一下」。格蘭聽了，低頭不答，半响才抬起頭來，讓栢林士地吻了一囘。她又閉着眼睛一想：吻的滋味原來如此呵！我枉活十九年了。她又讓栢林士地吻了一囘。栢林士地推她在沙發上坐下，在抽屜裏搜出一包巧古力糖來，儘她吃了個飽，又倒了一杯白蘭地給她喝，自己也喝了兩杯，換衣的事，再不提了，一面講笑話，一面把她慢慢的移到自己的腿上坐着。天色看看晚了，他又不把電燈扭開。

格蘭幾次拒絕他的輕薄，但栢林士地回答她道：「你跟你的繼母住在一塊，奴婢一般，每天坐在家裏，一天一天往衰老的路上走，這樣的生活有甚麼意義！你若接受我的愛，將來我們兩人永不離開，我帶你到上海去。我帶你到北京去」。格蘭終于被他征服了。他們兩人直到十點過後，才一同走下樓來，在一家飯館裏吃了頓晚飯。栢林士地要送她回家去；她不敢讓栢林士地一同走，又戀戀不捨的不願意離開他。兩人在霞落登堡的車站旁邊，摟抱了半晌。栢林士地教她第二天再來。格蘭搖了搖頭，道：「恐怕再沒有這樣好的機會了」。栢林士地道：「不妨！你回家去，見着你的繼母，你騙她！只說有個著作家雇你當書記，每月薪水多少。這個錢我給你。我想，你的繼母沒有不歡喜的，假如你允許把你所得的薪水都交給她的時候」。格蘭聽了，滿心歡喜道：「這個計策很好！我跟她說，我的工作時間是晚上。她一定放我走。她早就相信我有這樣的工作能力，因為我從前學過速記術和打字術，而且有一張優等證書。我每天吃過晚飯便到你家裏來」。栢林士地連連說「好」。兩人又吻了一次，然後才分手各自回家。從此以後，格蘭果然每晚七點鐘光景到栢林士地的家裏來，十二點鐘才回去。一對「半夜夫妻」，說不盡的恩愛！一個月過後，栢林士地給了格蘭一捲鈔票，教她交給她的繼母，說是得來的薪水。她的繼母見了錢，笑得半天合不攏嘴來，在她的丈夫面前，誇獎格蘭有用。格蘭有個胞妹，名叫雪德，年紀不過十七歲，她也常常受繼母的虐待。所以他們姊妹兩人，感情很好。格蘭在未結識栢林士地以前，兩人有時同睡在一張床上，想起她們的繼母種種不人道的待遇，不免抱頭痛哭。一月以來，格蘭回家的時候，雪德每每坐在床上等候她；不料她上床之後，不到兩分鐘，即已熟睡，雪德更覺得傷心，眼睛時常哭得腫腫的。這天晚飯時候，格蘭忽忽把飯吃完，披着外套，正要出門去。她的父親忽然問道：「格蘭，你每天到底寫些甚麼」？格蘭答道：「小說」。她的父親又問道：

「講一點給我聽」！格蘭答道：「現在來不及了。明天講給你聽，好不好」？他又問道：「這著作家多大年紀」？格蘭一想，若說他年輕；父親一定放心不下，因答道：「快六十了。」——「爲甚麼快六十的人，晚上睡得這樣遲？雪德以後陪你的姐姐同去」！雪德正不願意悶坐在家裏，連忙起身道：「好！我陪姐姐去」。格蘭自然不好阻止她：兩人走出門外，格蘭才捉住她妹子的手，輕輕說道：「親愛的妹子呀！我並不認識甚麼年老的著作家。我每晚在一個男朋友家裏。我早想告訴你，又怕你無意之間洩露出來。現在我們兩人，每天至少有五個鐘頭，離開我們的地獄了」！雪德問道：「你的男朋友是個甚麼人」？格蘭答道：「等一會我給你介紹吧」。她們兩人到了栢林士地家裏。栢林士地見着她們的時候，忙問格蘭：這位小姐是誰？格蘭道：「就是我的妹子雪德」。栢林士地仔細把她一看，姿色不在格蘭之下。他便極力奉承，問長問短，又搬出些點心來，讓她們兩人吃。格蘭又叫他講了一篇故事，準備明天說給父親聽。看看十一點多了，栢林士地礙着雪德在旁，不曾伸手碰格蘭一下。後來他眉頭一縐，向格蘭道：「從明天起，你們吃過午飯便來，吃晚飯前回去！因爲我晚上有事，不能陪你們」。格蘭聽他如此說，把眼睛看着他，半晌才答道：「好！妹妹，時候不早了，我們走吧」！栢林士地便把她們送出門來，讓她們搭車回去。他自己走進房來，繞着書案走了十多個圈子，滿頭的髮搔得亂蓬蓬的。末了，他把手掌往書案上一拍，道：「有了！用一個調虎離山之計，那怕事不成功」！第二天下午，一點多鐘光景，她們姊妹兩人，又到了栢林士地家裏。栢林士地讓她們兩人同坐在沙發上，自己坐在當中，左手挽住格蘭的頸，右手擱在雪德的肩上，說他在中國，做過甚麼官，那個督軍是他的同學，那個司令是他的拜把兄弟；並說他將來回到家鄉，每月的收入至少一萬元，住大洋樓，每頓吃飯，三四十樣不同的菜，男奴女僕二三十個，出門的時候，坐上一輛轎車，前邊用一輛汽車拉着走」。雪德問道：「爲何不痛痛快快的坐在汽車上」？栢林士地道：「一個闊人，怎肯和汽車夫坐在一處」！他們談談笑笑，快到吃咖啡的時候了，只見栢林士地從口袋裏掏出一捲鈔票來，向格蘭道：「我們應該買一點好東西給你的妹子吃。現在你帶了這些錢，坐電車到腓特烈街阿盛咯雜食店，買幾串香腸，那地方的香腸眞是名揚四海！你還坐車到南城白客街去買一塊玉糕，那條街上的點心，我相信，價廉物美！回頭再到亞歷山大市場去買一個波羅密」。雪德聽說買波羅密，笑嘻嘻的道：「姐姐，你買個大的」！栢林士地把格蘭送出大門之後，一算她來回至少要兩個鐘頭，用不着粗手粗脚。他坐在雪德的旁邊，拉住她的手，放在自己的嘴邊。雪德道：「你爲甚麼留着幾根鬍子？和我家裏的猫一樣」。栢林士地道：「俗語道得好！接吻沒鬍子，好比湯裏沒鹽。那個女孩子不愛和小鬍子接吻呢」？雪德道：「那麼，我的姐姐一定吻過你呀」。栢林士地道：「不錯！並且她說，一個女孩子不和男子接接吻，上帝都不肯憐惜她」。雪德聽了，把頭靠在沙發背上，眼睛看着天花板，嘴唇不住的顫動起來。栢林士地忙把自己的幾根鬍子往兩邊一抹。眼睛看着雪德的嘴，慢慢的把頭湊近去，並不住的向兩邊擺動着；雪德徐徐的把眼睛閉住，讓栢林士地在她的嘴上吻了分把鐘久。栢林士地吻過她之後；把手挽住她的頸。半晌，她才問道：「我的姐姐甚麼時候才得回來」？——「還早着哩」！栢林士地一面說，一面把她抱到自己的腿上坐着，「親愛的雪德！你願意跟我一輩子嗎？將來我帶你到上海去，讓你離開這兇惡的繼母。只要是個外國人，無論擦地板的老女僕也好，打掃夫也好，到了上海之後，儘管使出威風來，罵警察，打僕人的嘴巴；普通的官吏見了他，沒有不恭恭敬敬的，說左就左，說右就右」。栢林士地講到這裏，雪德身上的紐釦，帶子，都被他輕輕的解開了。等格蘭到家的時候，雪還羞答答的坐在栢林士地旁邊，一言不發。他們把東西吃完，天色漸漸的晚了。格蘭緊緊的握住栢林士地的手，不肯說回去。栢林士地道：「今天格蘭跑了許多的地方，才把這些好吃的東西買來。雪德，明天輪着你出去買東西了」。他說畢，把格蘭的手捻了一把；格蘭才帶着她的妹子，告辭出來，一同搭車回家去了。從此以後，她們姊妹兩人天天一同到栢林士地的家裏來，今天這個出去買東西，明天那個出去買東西。差不多一個月光景。這天晚飯過後，格蘭姊妹兩人，同坐在家裏，替她們的繼母織絨衣；她們的父親，坐在一張靠椅上，手裏拿着一份報，旁邊放着一大杯皮酒；她們的繼母，倒在沙發上，把一個無綫電聽筒掛在耳邊，聽得奏音樂的時候，手足不住的舞動起來，搖得沙發吱吱响的；她們的父親偷着看她一眼，又回過頭來，肩頭聳一聳，喝一口皮酒；兩個女孩子，眼睛都看在絨繩上，一針一針的織下去，每下針頭上都現出一嘴小鬍子來。忽然聽得繼母說道：「從明天起，雪德不要出門去了，坐在家裏做事！格蘭白天出去，要人家陪着做甚麼」？雪德聽了，眼睛看着她的姐姐，手裏的針不知不覺的落在地上。格蘭當然沒有話說。第二天下午，雪德在家裏，帮着她的繼母洗碗碟，想起了碟子上的點心，兩隻手浸在水裏，眼睛看着對面壁上。她的繼母舉起手來，在她臉上打了一掌，才把她驚醒過來。她急急忙忙的把碗碟洗完，伸手摸着自己的臉，小指頭觸在嘴上，又想起了：呵呀！小鬍子一定又貼在我姐姐的嘴唇上了。她走進自己的臥室裏，在床上拿着一個枕頭，抱在懷中，牙齒咬住枕緣，眼睛裏滴下淚來。她正在出神的時候，不料繼母走進房來，叫道：「雪德！把你父親的領子送到洗衣店去」。雪德連忙把枕頭在眼睛上按了一按，把眼淚吸乾，答道：「好　我正想把枕頭拆下來，送去洗一洗」。她的斷母把幾條帶過的領子向桌子上一丟，也不再說甚麼，回頭走出房門去了。雪德連忙把頭髮梳了一梳，拿着這幾條領子，走下樓來，一想：「我何不順便到小鬍子家裏去走走」？她看見門外正有一輛電車停住，她幾步走上前去，不料沒有趕上，她便隨着電車向東走去。這時候她的繼母正靠在窗子旁邊，低頭看着街上，瞥見雪德想上電車，不免訝異起來，她想：洗衣店就在西頭，她又不是沒有走過，爲甚麼現在往東走呢？她連忙走下樓來，追在雪德後面，看雪德一直走進柏烈宇車站，站在賣票處購買車票；她的繼母因爲身邊沒有錢，不能跟着她上火車，便伸手一把將她拉住，問道：「我叫你到洗衣店去；你爲甚麼跑到這裏來？跟我回去！我要問你——」雪德一看是她的繼母，登時嚇得面無人色，又只得隨她走回家來，一路上想道：「到家後，繼母一定盤問我到那裏去；我怎樣回答她呢？……」她們兩人到家之後，一直走進飯廳裏，那時她的父親正在偷皮酒喝，不想他的妻子回得這樣快，手裏拿着一個酒瓶，正沒地方藏起。她的繼母見了，越發有氣，坐在沙發上，半天沒說出句話來。她的父親搭訕着把酒瓶送到廚房裏。雪德站在門邊，走也不是，坐也不是。忽見她的繼母從沙發後面摸出一根趕狗的皮鞭來，在桌面上「拍拍」的打了兩下，橫着眼睛，問雪德道：「你要到那裏去？老實說來」！——「媽媽，我想到動物園走走；因爲我有點頭痛」。雪德戰兢兢的說畢，不由得不雙膝跪下。她的繼母一把跳起來，握着皮鞭，走到她的面前，惡很很的打了幾下，罵道：誰許你出去頑耍！動物園裏有誰等候你」？她一面問，一面把皮鞭舉得高高的。雪德用雙手抱住自己的頭，看着坐在旁邊的父親，眼淚如雨點一般的洒下來。她的父親，裝做沒有看見，把眼睛釘在壁上掛的一幅圖畫上。半晌，雪德又哀告道：「媽媽！沒有人等候我」。她的繼母又一連打了她幾下，叫她快說。雪德只得向她的父親道：「爸爸，你替我討討饒吧。我遍身都打痛了」。她的父親又裝做沒有聽見一般，回過頭去，把眼睛看着窗外。雪德又接着說道：「爸爸！可憐的母親，臨死的時候，吩咐過你呀」！她的父親聽了，鼻子一酸，立刻站起來，走到他妻子面前，輕輕說道：「親愛的，饒她一次吧」！她的繼母聽他如此說，好比火上加油，也不答話，先把雪德亂打了一頓，然後回過頭來罵道：「老糊塗！你不懂得管教你的女兒也罷，乘我不備，便偷酒吃，這是你的好家教」！正鬧到不開交的時候，格蘭回家來了。她先在門外站了一站，然後走進房來，手裏握着一大捲鈔票，走到她繼母前邊，低聲說道：「媽媽！我把這個月的薪水又拿來了。比上個月的多幾倍哩！你數數看」。她的繼母見了錢，手中的皮鞭不知不覺的落在地板上。她一把接在手裏，一張張的數下去，氣也一點點的消下去。數到末了，笑嘻嘻的道：「你到底比你妹子強些」！她一面說，一面把自己的錢包打開，將手裏的鈔票一把塞了進去。格蘭當她讚美自己的時候，把他的妹子扶起來，送到臥室裏，讓她躺在沙發上，又替她把衣解開，只見肩上背上一條條紫色的傷痕，她看了也不免傷心落淚起來。又差不多有兩個月久，雪德比先時幾乎瘦了一半，每晚伏在她姐姐的身旁，打聽小鬍子是不是想念她，又跟她的姐姐商量，有甚麼法子可以使他們再見一面。每天當她姐姐出門的時候，她一定拿出一條半乾半濕的手巾來，央她的姐姐帶給小髫子看一看，並且說：「這是我爲他流下的淚眼！」！這天晚上，她忽然把她的姐姐一把抱住，跪了下來，說道：「慈悲的姐姐，我不能再瞞你了！我已有了身孕。你要救救我呀」！格蘭聽了，大吃一驚，忙問道：「是誰的」？——「小髫子的。當你每次出外買東西的時候」。這時候只聽得格蘭「啊呀」一聲，一把將雪德扶起，兩個人的眼淚同時不住的流下來。原來格蘭也有了三個月的身孕，正想和栢林士地商量，又不好意思開口，加之栢林士地對她已漸漸的冷淡起來，有時讓她一個人坐在屋子裏，自已戴着帽子出外看朋友去了。她越想越迷糊，不知將來有個甚麼結局。這晚她們兩人睡在床上整整的哭了一夜。當時格蘭想安慰雪德幾句，未開口時已哭得說不出話來。雪德還不知格蘭有孕，所以越想越着急。天亮的時候，她把頭塞在格蘭懷裏，說道：「不知小髫子也明白我的痛苦麼」？這天上午，她們兩人的表姊來看她們，見她們的眼睛都哭得腫腫的，訝異得很，把她們拉到臥室裏；問道：「是不是繼母又打了你們」？雪德搖了搖頭，半晌，她又跪在表姊的面前，眼睛一紅，滴下淚來：「苔利姐，你能救我嗎？我已有了三個月的孕了。」她接着又把小鬍子的事情，低聲敍述了一遍。苔利是一個精明強幹的女子。格蘭和雪德，自從母親死後，就只有她肯時常來安慰她們。她們的父親是一個無用的人，又歡喜喝酒。有酒喝的時候，倒親親熱熱的叫幾聲「女兒」。偏偏他想酒喝的時候，繼母要來阻止他；他又不敢違拗，只拿着女兒出气。所以父女間也沒有甚麼感情。只有她們的這個表姊苔利，她們幾乎把她當做親母一樣，言聽計隨。這時候苔利把雪德扶起來，安慰她道：「你不要着急！我替你找個醫生。並且跟你的繼母去說，讓她允許你到我的家裏去，住個把星期。我便把你送到醫院裏。割胎之後，調養幾天，就沒事了」。雪德聽了，才轉過笑臉來，抱着苔利，在她臉上吻了一囘。這時候格蘭站在一旁，心裏一陣陣的難過，想道：「雪德已有了救星。我呢？」但她始終不好意思說出來，到後來才開口道：「割胎是犯法的事。不多給醫生些錢；他怎麼肯動手，而且住醫院也要不少的錢呵！錢呢」？苔利道：「你們去找找那個小鬍子，叫他拿出來就是。禍是他闖的；他不能說不管」。格蘭和雪德都點了點頭。這天下午，格蘭見着栢林士地的時候，羞答答的問道。「你現在有錢麼」？栢林士地疑她敲竹槓，連忙答道：「錢，還在中國，不知道已經寄出了沒有。目前想不出法子來」。格蘭聽了，大失所望，接着道：「你能不能找個朋友去借些來？我一點，我的妹子也要點」。栢林士地答道：「你們兩人都要；那麼，非有一筆大款子不行。好！我明天去找個朋友，設設法子。今天下午我有事。你且回去吧」。格蘭答道：「好！我明天再來，只是你無論如何，要替我們設個法子」！栢林士地點了點頭，推她出去。格蘭又說道：「你也不吻吻我嗎」？栢林士地只得勉強應酬了一下，送她出來，又走到南城，看了一間房子，交了一個月的房租，約好明天搬去。他走回去家來，一面淸檢行李，一面駡道：「要我的錢？哼！老子搬家。看你明天來找鬼」。他又找着他的房東，說道：「今天才月半，我報告你，我明天到外省旅行去了；我住的那間房子，你租給別人吧」。第二天下午，格蘭又來找他。房東攔在門口，止住她道：「文先生今天一早動身到外省去了。你不必進來啦」！格蘭聽了，大吃一驚，忙問道：「請你告訴我，他到甚麼地方去了」！——「他沒有提過。房東一面說，一面把門掩上。格蘭只好走下樓來，趕到她的表姊家裏，見着苦利的時候，一把抱住她，痛哭起來。苦利忙問她怎麽的。她答道：「那個小鬍子到外省去了，又沒留下通訊處」。苦利聽說也吃了一驚，道：「這怎麽好！醫生已找了一個，他要十五塊美金，住院費在內。我們那裏有這許多的錢」！格蘭哭着說道：「恐怕要三十塊美金哩！我也有了……」話未說完，已暈了過去。苦利又急又氣，把她抱到沙發上躺下噴了她滿頭的涼水，又倒了半杯白蘭地，灌在她的嘴裏；她才慢慢的蘇醒過來。她張開眼睛，看見苦利坐在她的旁邊，悲聲說道：「苦利！他爲甚麼要瞞着我們離開了栢林？我們的痛苦，從來沒向他提過，我愛他，我怕他傷心，所以連我妹子的事情都隱瞞了。現在我們只有死的一條路！他有一個像片在我的懷裏，我送給你吧。將來你遇見他的時候，只求你把我們的苦楚說給他聽一聽……」苦利搶着說道：「你不要悲觀！不要說死！我陪你去找他。三十塊美金，一個外國人隨便就拿出來了。我想，他還在栢林。你可認識他的甚麼至好的朋友麼」？格蘭答道：「只有個姓周的，他們兩人時常有電話來往。我記得他的電話號碼西七一七六」。——「這就好辦了。我打電話去問他。你在這裏等一等」！她一面說，一面取着錢包，出門去了。不一會，只見她笑嘻嘻的走回來，道：「有了！姓周的告訴我，說小鬍子剛才到了他的家裏，並留下了一個新的通信處。在南城，街名門牌都說給我聽了。明天你帶着你的妹子去找他，明天上午去！現在你回家跟你的繼母說，我明天請你們吃午飯」。格蘭又問道：「假使小鬍子目前眞沒有錢呢」？——「那麼，你教他向你們的父母求婚，或者說要帶你們到中國去賺錢。你們的父母反正不歡喜你們，不會有不允許的道理」。她說畢，把格蘭送出門來。格蘭到了家裏，向她的繼母道：「剛才我遇見了苔利，她叫我和雪德明天到她家裏去吃午飯」。她的繼母答道：「你們去吧」！到了晚上，她又和雪德談起小鬍子搬家的事，又把自己有孕的話也告訴了她。兩人不免又抱頭哭泣了一回。第二天上午，她們到了栢林士地的新寓所裏。栢林士地看見了她們兩人，連忙帶笑說道：「我正要設法子通知你們。我因爲有個讎人到了栢林，我怕他來找我，所以悄悄的搬了家。你們怎麼會知道的？「格蘭答道：「從周先生那裏打聽出來的」。栢林士地點了點頭，道：「呵呵！只是你們託我的事情，我抱歉得很！纔個把月行不行」？格蘭聽了，把眼睛看着雪德。雪德便走到栢林士地面前，雙膝跪了下去，抱住他的腿，哀告道：「你還不知道嗎？我們兩人都有三個月的孕，現在再不設法子，將來遲了，醫生也沒有辦法。三十塊美金，你目前辦不出來嗎？那麼，你對我們的父母說一聲，要帶我們兩人到中國去。這樣辦，也可以把我們的性命救出來」。栢林士地聽了，吃驚不小，半天沒說出一句話來，末了才答道：「讓我細細的攷慮一下。明天準有個回信。你們不要着急。這事好辦」！格蘭和雪德只得告辭出來，又到了苦利家裏。苦利也勸她們不要着急。午飯過後，雪德先回家去。格蘭又把她怎樣的認識了小鬍子，怎樣的瞞着她的父母天天上小鬍子的家裏去，詳詳細細的說了一遍，直談到日落才回家。第二天下午，格蘭一個人走出門來。雪德，因爲繼母叫她洗衣服，不能走開。格蘭到了栢林士地家裏，不料他又搬走了。原來栢林士地當晚一想：這兩個女人，有孕沒孕，還是問題。既是有孕，爲何不早說？這一定是敲竹槓的。現在只有避開她們。所以第二天一早，就搬到總理市場一個公寓裏去了。格蘭又向房東打聽了一回；房東也不知道他到了甚麼地方。她只好又走到苔利那家裏同她商量。苔利便打電話去問周國英，回說不曉得。她當時也想不出辦法來。後來格蘭回家向雪德提起此事；雪德只是哭。格蘭道：「想是他的誰，又知道他的住址了。我們等一等吧。他不會騙我們的」。又過了一天，格蘭忽然想起了：栢林士地的信，差不多封封都是由中國使館轉交的。所以這天下午，她走到中國使館裏，在號房裏問了一聲。號房裏坐着一個老頭子，可以說是公使館裏的秘書長，無論大小事件，十有八九都要經過他的手。他低着頭，把眼睛從眼鏡上邊看過來，說道：「小姐，你問文先生嗎？他三天搬家兩次。新的通處寫了一個在這裏。我看他又住不長久」。格蘭連忙把他抄下，走回家來，向雪德道：「明天上午我們一同去吧」。雪德道：「繼母不見得許我出去」。格蘭道：「我們一去就回；她斷不會疑心的」。次日上午，她們兩人果然到了總理市場的公寓裏，果見了栢林士地。雪德道：「親愛的！我們的事情急迫了！你目前沒有錢，我們不強迫你。只要你和我們的父母說一聲，說把我們帶到中國去。你怕我們的父親不答應，你帶一兩瓶酒去送給他；你怕我們的繼母不答應，你把你藏着的那塊中國綢子送給她。那塊綢子，你許過我，也許過我的姐姐。這樣一來，並不需要多少錢。我們跟在你的背後搬出來。我們同住在一塊。你怕不能養活我們；我們在三四個月內還可以做工，至少也賺得我們的房錢和伙食……」栢林士地不讓他說完，連忙答道：「好！好！明天我一定到你們的家裏來，至遲後天」。她們兩人聽了，無話可說，立刻趕回家來。不料在大門外遇見了她們的繼母，她們連忙說，在公園裏散步了一回。她們的繼母只罵了幾句。這天晚上，她們兩人偷着把自已的幾件衣服清理了一回，又包得好好的，只等明天栢林士地來，把她們救出地獄去。不料等了一天，兩天，三天：栢林士地的影子也沒見過。雪德只是哭。格蘭　：「我們明天上午再去找找他吧」。第二天上午，她們又瞞着她們的繼母，溜出門來，到了栢林土地的寓所裏，不料他又已搬到別處去了。她們便走到公使館。門房裏的那個老頭子，看見了格蘭，低着頭說道：「何如？小姐！我知道文先生在那個地方住不長久。他現在到外省去了。通信處還沒有寄來。他的信件目前都由周國英先生代收」。她們兩八聽了，只得告辭出來，又到了周國英家裏。周國英道：「他說他到外省去了，不知是真是假？信件由我代收。他說，一兩個月後，親自到我這裏來取」。她們兩八，這時候心裏如火燙着一般，說了聲「謝謝」，急急忙忙的趕回家來，走進飯廳裏，不料已經吃過了午飯。父親有事出門去了，只有繼母，坐在飯廳裏的沙發上，怒气冲冲的。她們兩八，一看情形不對，正想退了出來。「站住」！她們的繼母一邊說，一邊站起來了，順手拿了那根皮鞭，「我今天在肉店裏買肉，遇見了一個女孩子，她住在康德街五十三號。我問她同住的有沒有個著作家；她說沒有。我問她有沒有看見我的女兒每天到五十三號去；她說沒有。你們這兩個東西！瞞着我，幹些甚麼？到底每天到甚麼地方去了」？這時候格蘭把眼睛看着雪德；雪德把眼睛看着格蘭。半晌，只見雪德把頭一抬，道：「媽媽！我們沒有甚麼話說。你打死我們吧」。她們的繼母冷笑了一聲，道：「哼！我願意打你們兩個賤人？明天一早，你們替我滾出去，永遠不許囘來」！格蘭流着眼淚問道：「媽媽！我們到那裏去呀？」

「我曉得？你們天天去的那個地方」！雪德不等她的繼母說完，搶着道：「好！我們明早一定離開你」。她的繼母聽了；皮鞭舞動得潑不進水去，雨點一般的打在她們兩人身上。打了一陣，把皮鞭往地板上一拋，坐在沙發上，不住的喘气。雪德拖着她的姐姐，一同走進房去。兩人伏在床上，痛哭了一囘，哭得倦了，兩人都矇矓的睡去，等到醒來，滿屋已是昏黑，雪德伸手把電燈扭開，兩人又哭了一場，晚飯也沒有吃。格蘭走到桌旁，從抽屜裏翻出兩頁信紙，先寫了封信給若利，再寫了封信給福林士地。雪德只是哭，來了，纔看見格蘭把福林士地的像片套進一個信封裏去，才問道：「姐姐，你寫的甚麼？唸給我聽聽」！格蘭便把第一封信唸起來：「唯一的親愛的苦利姐！你的慈悲的手永遠撫不到你表妹們的頭上了。我們要把你的好處告訴在天上候着我們的母親。苦利姐！我們心愛的那個人並沒有錯處。不過有他也不能改變我們的命運。我們有封信，請你交給他。我們替你祝福」。她讀着又唸第二封信：「親愛的！你窮困，你怯懦，你不能打救我們，我們原諒你，因爲我們愛你。我們在上帝的面前，替你爭辯，你沒有罪惡！親愛的！你的格蘭，你的雪德，最後的一點眼淚，滴到這頁信上來了。你不要忘記了她們——這兩个不幸的女子！她們的生日，你到她們的墳上插兩朵鮮花？她們的像片，藏在你的身邊，永遠不離開着：親愛的！那時你的格蘭，你的雪德，她們的靈魂便得到無窮的安慰了！我們替你祝福」。格蘭一邊唸着，一邊聲音也啞了，一滴滴的眼淚把信紙信封都濕透了。雪德幾步走到她們的母親遺像前邊，跪了下去，合着掌，抬起頭來，一邊哭，一邊訴道：「媽媽，你在天上等候我們嗎？我們不久就到了你的膝下，我們唱歌你聽，我們跳舞你看。親愛的媽媽，你又能吻到我們的額上了」。這時候她們的父親正從外面回來，走她們的臥室外經過，聽見裏邊的哭聲，連忙推門進來，道：「孩子們！不要傷心了。有爸爸痛你們。好好的睡覺去吧」！格蘭答道：「我們永遠不傷心了。親愛的爸爸！祝你健康」。當她們的父親走出房門的時候，雪德還叫了一聲：「爸爸」！第二天早上八點鐘光景，格蘭挽着雪德的手，一步一步的走下樓來，剛走出大門，又遇見了她們的父親，手裏提着一瓶酒，見着她們兩人，笑嘻嘻的道：「你們到外邊去呼吸點新鮮空气，很好！我替你們向繼母去說，要她不再打罵你們」。格蘭答道：「親愛的爸爸！謝謝你」。她們的父親點了點頭，一直走上樓去。她們兩人同時回過頭來，看着她們父親的背影，眼睛裏又不知不覺的落下淚來。她們搭着火車，到破祠堂的一個湖邊。那時天色漸漸的昏暗起來，烏雲把太陽遮住，一點點的雨打在樹葉上，她們覺得站在海裏一般。教堂裏的早禱剛完，一陣陣的鐘聲，把栢林全城都罩在愁慘的空气之下。格蘭低頭看着湖中的水，雪德拉住她的手，叫了一聲「姐姐」！格蘭囘過頭來，一把將她抱住，「我的妹妹呵」！顫動的悲聲，隨她們兩人的身體，同時落到湖中去了。苔利就是現在栢林土地的未婚妻，就是我們在破祠堂遇見的那個女子，她鋖到……』我的朋友聽我講到這裏，連忙搖手止住我道：『外面有人敲門，安娜恐怕到後面去了。且讓我開開門再說』。不料安娜早已把門打開，只見老哈氣喘喘的走進來，一手拉住我的朋友，一手拉住我，說：『汽車在外邊等着。快走！學生會裏打架。快走』！我們只得隨他走出門來，一看汽車上還坐着三四個人，都是老哈拉來的。我們走上汽車的時候，旁邊又來了一輛汽車，風馳電掣一般的飛了過去。上面坐着七八個中國學生，看見了我們，都高聲叫道：『快來！打架去』。老哈站在車上，對着他們舉起手來，嚷道：『我們的勝利萬歲』！汽車向前一移，他向後一仰，倒在我旁邊坐着的一個人身上。

後事如何，詳載下卷。

爛熳叢書之一

留歐外史

第一集定價甲六角

編者　黎錦暉

印刷者　美的書店

發行者　美的書店

中華民國十七年四月初版